Renate Konrad

Al dente

Immer wieder Italien 4

Bibliografische Information der Deutschen Nationalbibliothek:

Die Deutsche Nationalbibliothek verzeichnet diese Publikation in der Deutschen Nationalbibliografie; detaillierte bibliografische Daten sind im Internet abrufbar über: http://dnb.dnb.de

© 2013 Renate Konrad

Umschlag: Renate Konrad, Rotterdam, Niederlande

Fotos zur Buchreihe: http://italienreisen.jimdo.com

Korrektorat: Kornelia Schwaben-Beicht, Rhauderfehn

Herstellung & Verlag: BoD – Books on Demand, Norderstedt

Printed in Germany

ISBN 9783732263417

Als Reisender hat man einen gewissen Abstand, wodurch es möglich ist, schärfer zu beobachten. Andererseits kann der Außenstehende das Gesamtbild nicht wahrnehmen, er kann nur einzelne Aspekte erfassen. Gerade richtig, um sich zu verlieben. Wer dem Geliebten jedoch näher kommt, verliert den scharfen Blick.

1

Fluchtversuche

Mailand und Rom

Gleich zweimal wählten wir Italien, um dem Silvesterabend zu Hause zu entfliehen. Wir mögen nicht feiern, aber diesen Abend zu verbringen, als wäre es ein gewöhnlicher Wochentag, geht uns dann doch zu weit. Einfach um elf Uhr ins Bett gehen und fertig? Nein, dann lieber in Urlaub fahren und uns überhaupt nicht um Silvester kümmern.

Und beide Male lagen wir völlig daneben. Das erste Mal war Mailand angesagt. Am Silvesterabend gibt es auf der Piazza del Duomo immer ein Konzert. Bühne unter freiem Himmel und klassische Musik. Das alte Jahr verabschieden und das neue begrüßen. Und zwar mit Stil. Das gefiel uns.

Mailand
Glücklicherweise waren wir schon ein paar Tage früher angereist, denn wir hatten viel zu tun. Natürlich mussten wir auf den Mailänder Dom und zum Kaffeetrinken ins Kaufhaus *La Rinascente* direkt nebenan. Was daran so besonders ist? Die Lage. Das Café befindet sich im obersten Stockwerk, und durch seine Panoramafenster blickten wir direkt auf die Ornamente, Türmchen und Skulpturen des Doms: zum Anfassen nahe. Ein weiterer Vorteil war, dass wir dort trocken saßen. Eine Wohltat – bei dem Dauerregen in Mailand!

Aber vor allem mussten wir herausfinden, ob ein Restaurant geöffnet hatte, in dem wir am Silvesterabend einfach à la carte essen konnten. Und wie es mit den öffentlichen Verkehrsmitteln an diesem Abend geregelt war. Mit anderen Worten: Wir hatten deutlich mehr Stress, als wir zu Hause gehabt hätten, denn fast alle Restaurants hatten an Silvester geschlossen. Die wenigen, die geöffnet hatten, boten ein Essen einschließlich Party oder zumindest mit Livemusik an. Also genau das, was wir nicht wollten. Denn nach dem Essen hatten wir ja vor, das Konzert auf der Piazza del Duomo zu besuchen.

Dann gab's noch die rote Unterwäsche, nach der wir suchen mussten. Dabei war uns gesagt worden, die könnten wir keinesfalls übersehen. An jeder Ecke würde sie angeboten werden. Die Italiener tragen sie angeblich an Silvester und in der Neujahrsnacht, weil sie Glück bringen soll. Nachahmer aufgepasst: Sie bringt nur Glück, wenn sie neu ist! Außerdem muss man sie geschenkt bekommen, sonst ist die Wirkung gleich null.

Wir gingen also auf die Suche, denn die rote Unterwäsche sollte zu einer hübschen Fotoreportage beitragen. Gesehen haben wir die roten Höschen allerdings nirgendwo. Nur ein einziges rotes BH-Set im Dessous-Schaufenster des Kaufhauses, wo es wahrscheinlich schon das ganze Jahr über zu bewundern gewesen war. Ab und zu sahen wir jemanden mit rotem Schal, aber auch die roten Schals waren deutlich in der Minderheit. Ein Schal ist eine gute Alternative, wenn man jemandem zwar Glück im neuen Jahr wünschen, aber nicht gleich mit Reizwäsche auf der Matte stehen möchte.

Gut, es soll Glück bringen. Aber welcher Art? Da gibt es anscheinend viele Möglichkeiten. Ursprünglich ging es wohl um Fruchtbarkeit, inzwischen auch um allgemeinen Erfolg, Gesundheit, Liebe und Leidenschaft. Über eins sind sich alle Quellen einig: ›*Amore a Capodanno, amore tutto l'anno.*‹

Liebe an Neujahr bedeutet also Liebe das ganze Jahr lang. Statt Liebe kann man alles andere einsetzen: In diesem Zusammenhang ist *sesso* beliebt. Sex also. Aber auch *alcol* wird gerne genannt. Jugendliche, Singles, Säufer? Keine Ahnung, aber es soll in Italien in der Regel nicht besonders exzessiv getrunken werden. Obwohl wir am Silvestermorgen die Spumanteflaschen, die überall aufgereiht standen, gar nicht mehr zählen konnten. Selbst in der Bäckerei mit Stehcafé zierten sie ein Regalbrett in der ganzen Breite des Ladens.

Eindeutig länger als das Gestell für Regenschirme neben der Tür. Und das will was heißen! Da hatte ich gleich ein Ersatzthema für meine Fotoreportage: Statt roter Dessous die Schirmständer Mailands. Im Museum hatten sie einen von mindestens fünf Metern angebracht. Eine angemessene Länge, denn für unsere Schirme war kaum noch Platz. Bei Italien denken wir nicht unbedingt an Regen. Den verbinden wir eher mit Wuppertal im Bergischen Land. Und mit England natürlich. Aber diese Regionen haben nicht das Alleinrecht auf schlechtes Wetter. Italien steht europaweit an dritter Stelle! Norditalien verfügt nicht umsonst über eine beachtliche Schirmmachertradition. Insbesondere Mailand und Umgebung sind für ihre Manufakturen bekannt.

Glücklicherweise war es am Silvesterabend trocken. Unser Hotel lag etwas vom Zentrum entfernt, also nahmen wir die Straßenbahn, denn wir rechneten damit, nachts die ganze Strecke zu Fuß gehen zu müssen. Und eine Tour reichte uns. Mit Prosecco und Plastikbechern im Rucksack fuhren wir zu dem Restaurant, das wir am Vortag mit viel Mühe gefunden hatten. Am Eingang wurden wir freundlich begrüßt. Von der asiatischen Familie.
»Die Karte war aber italienisch, oder?«
»Ja, natürlich, sonst hätten wir es ja wohl nicht ausgewählt.«

Trotzdem waren wir skeptisch. Bis das Essen kam: So ein außergewöhnliches Gericht hatten wir noch nicht oft bekommen. Italienischer ging's nicht. Es fing mit gratinierten Jakobsmuscheln an und endete mit einem Dessertwägelchen, das zum

Tisch gerollt wurde. Es hatte zwei Etagen und war mit verschiedenen Torten und anderen Leckereien bestückt. Eigentlich waren wir satt, aber ein Stück *Panettone* ist ja nicht so mächtig. Das bestellten wir, denn schließlich kommt er ursprünglich aus Mailand und gehört zur Tradition der Dezemberfeiertage.

Zur Erfindung des *Panettone* gibt es zahlreiche Geschichten. Uns gefällt die folgende am besten: Der Herzog von Mailand hatte alle wichtigen Persönlichkeiten zum Weihnachtsessen eingeladen. Das Festmahl zog sich über einige Stunden hin. Endlich war es Zeit für den Nachtisch. Da entdeckte der Chefkoch zu seinem Schrecken, dass die mühevoll zubereiteten Desserts inzwischen angebrannt waren. Ersatz hatte er keinen. In dieser Situation bedeutete das, dass der Koch samt seinen Gehilfen sofort entlassen werden würde.

Aber Antonio rettete sie alle. Dieser Junge war Küchenhelfer und hatte für das Burgpersonal zu Weihnachten ein süßes Brot mit Rosinen gebacken. Das servierte der Chefkoch dem Herzog und dessen hohen Besuch kurzerhand als Dessert. Die Gesellschaft war so begeistert, dass dieses *Pane di Tonio*, das Brot von Tonio, danach jedes Jahr zu Weihnachten auf den Tisch kam. Nicht nur beim Herzog. Und zwar bis heute.

Für unseren Geschmack ist der Kuchen zu trocken und auch ansonsten nicht so lecker. Wenn man jedoch bedenkt, dass es eigentlich ein Brot ist, schmeckt es schon viel besser. Italiener essen es auch gerne morgens zum *Caffè*. Als Frühstück sozusagen. Und Weihnachten zum süßen *Spumante*. In unserem asiatisch geführten Restaurant wurden die Stücke *Panettone* gegrillt und warm serviert. Gar nicht so schlecht!

Nach dem Essen mussten wir uns aber beeilen. Zum Konzert nahmen wir die U-Bahn, und wenige Minuten später waren wir an der Piazza del Duomo. Als wir die Treppe hochkamen, knallte es schon gewaltig. Ein paar junge Männer fanden es lustig, Böller von oben in den Treppenaufgang zu werfen. Die Piazza war bereits ziemlich voll. Wir stellten uns dicht hinter die Leute in der letzten Reihe, um vor dem kalten Wind geschützt zu sein. Die Bühne war weit weg. Sehen konnten wir daher wenig, aber Hauptsache, es war trocken und nicht allzu kalt. Schon toll irgendwie, dass alle Mailänder am Silvesterabend in die Stadt kommen, um hier zusammen zu feiern.

Moment mal, offensichtlich waren es aber nur Männer! In den vordersten Reihen sahen wir vor allem Paare. Meist ältere Leute, aufgedonnert und pelzbemantelt. Aber der Rest? Alles Männer. Muslime. Den ganzen Abend zerbrach ich mir den Kopf. Dabei ist es eigentlich logisch. All diese Männer aus Nordafrika arbeiteten in Mailand oder in der Umgebung. Sie waren allein und wahrscheinlich froh, dass es abends mal ein kostenloses Event gab, das sie besuchen konnten, anstatt sich zu Hause vor dem Fernseher langweilen zu müssen.

Mit dem Spumante hätten wir uns übrigens nicht abschleppen brauchen. Den verkauften einige Leute kurz vor Mitternacht. Muslime. Sie selbst tranken Cola. Als die Knallerei losging, rannten wir mit unseren Bechern in der Hand so schnell wir konnten unter die Arkaden am Rand des Platzes. Die Knaller wurden nämlich mit Vorliebe in die Menschenmenge geworfen.

Ziemlich desillusioniert verließen wir schon bald das Geschehen und fanden ganz in der Nähe eine sympathische Bar. Der Innenraum war mit Spumanteflaschen verziert. Bestimmt vierzig Stück. Und die würden garantiert auch noch am nächsten Tag dort stehen, denn wir waren die Einzigen, die ein Glas davon bestellten. Der Rest der Gäste trank Kaffee oder Cola. – Richtig, es waren ausschließlich Muslime.

Für uns war es ausgesprochen günstig, dass die Nordafrikaner immer zur Silvesterfeier am Dom kamen. Welchen Vorteil das für uns hatte? Die Busse, die eingesetzt wurden, um sie zu ihren Wohnungen in die Außenbezirke Mailands zu bringen. Unser Hotel lag nämlich direkt an ihrer Route, sodass wir uns den geplanten Fußweg sparen konnten.

Rom
Unser zweiter Versuch, Silvester zu ignorieren, missglückte in Rom. Wenn Restaurants am 31. Dezember überhaupt geöffnet hatten, dann nur mit Silvestermenü. Da wir dieses Problem schon von Mailand kannten, fingen wir diesmal gleich am ersten Urlaubstag mit der Suche an. Schnell kamen wir dahinter, dass wir keine andere Wahl hatten: Silvestermenü oder Spieleabend im trostlosen Hotelzimmer.

Jetzt war nur noch die Frage: Wo war das Menü einigermaßen bezahlbar? Immerhin waren wir zu viert, denn wir hatten die Kinder mitgenommen, konnten von ihnen aber keinen Beitrag erwarten, denn sie waren arme Studenten. Nach tagelanger Suche landeten wir im Stadtteil Trastevere. Das Menü klang interessant, und die Weine hatten sogar das Prädikat DOCG: Spitzenweine also. Nachdem wir den Tisch bestellt hatten, konnten wir uns endlich erholen und ganz entspannt Rom erleben.

Von der Temperatur her ging es, obwohl es oft nieselte. Einmal goss es dermaßen, dass wir in eine *Tavola Calda* flüchten mussten. Es gibt weitaus unangenehmere Zufluchtsorte! Das

Essen war herrlich! Als wir die farbenfrohe Auswahl in der Vitrine betrachteten, fiel die Entscheidung schwer. Da der Sturzregen anhielt, hatten wir jedoch ausreichend Gelegenheit, noch mal etwas anderes auszuwählen. Nur trocken wurden wir in dieser ungeheizten Imbissstube mit offener Tür nicht. Sonst hätten wir wahrscheinlich den ganzen Abend dort verbracht.

Am nächsten Morgen waren wir schon sehr früh wach, jedenfalls für unsere Verhältnisse. Normalerweise wären wir liegen geblieben und hätten versucht, noch einmal einzuschlafen. Wir hörten an den Geräuschen aus dem Nebenzimmer, dass unsere Kinder aufgestanden waren. Eine sehr ungewöhnliche Zeit für die beiden, aber wir wussten, dass sie in die Sixtinische Kapelle wollten. Es dauerte nicht lange und ihre Zimmertür wurde zugezogen. Einschlafen konnten wir nicht mehr.
»Wenn wir jetzt aufstehen, ersparen wir uns das Warten in der Schlange beim Vatikan, denn wir stellen uns einfach zu ihnen.«

Eine geniale Idee. Wir machten uns schnell fertig und waren vor allem gespannt auf die Gesichter der beiden. Möglichst gelassen gingen wir auf die Warteschlange zu. Die Vatikanischen Museen hatten noch geschlossen. Unsere Kinder standen so weit vorne, dass wir mit dem ersten Schub eingelassen werden würden. Wenn wir Überraschung erwartet hatten, lagen wir völlig falsch. Sie reagierten total sauer!
»Euer Verhalten ist so was von unverschämt! Die Leute warten hier seit einer Stunde. Am liebsten würden die uns jetzt umbringen!«

Das konnten wir nicht bestätigen, denn wir wagten es nicht, uns umzusehen. Hoffentlich ging es bald los und besserte sich die Laune! Selbst, als wir anboten, den gesamten Eintritt zu bezahlen, half das nicht wirklich. Nach wenigen Minuten wurde die ganze Reihe seitlich mit einem rot-weißen Band abgesperrt. Ab dem Moment durfte niemand mehr von der Seite dazustoßen.

Als wir dann hineingingen, entspannte sich die Situation, und drinnen trennten sich unsere Wege. So konnten wir doch noch unbeschwert die Atmosphäre und die Kunstwerke in der Sixtinischen Kapelle genießen. Und uns über das wiederholte Händeklatschen und die Rufe »*Silenzio, silenzio!*« amüsieren. Es half für einen Moment, aber dann schwoll die Geräuschkulisse wieder an. Das Händeklatschen und Rufen erinnerte uns an etwas ganz anderes. Etwas Materialistisches. In Mailand waren wir mittags bei einem Spezialitätengeschäft eingekehrt, um etwas zu essen. Vor allem aber, um uns aufzuwärmen! So ging es den Studenten, die es sich dort gemütlich gemacht hatten, wahrscheinlich auch. Auf einmal klatschte der Kellner laut in die Hände und rief: »*Cambiare, ragazzi, cambiare!*« Wir sollten also gehen, um für andere Platz zu machen, damit sein Umsatz stimmte. Die Gespräche verstummen, aber kaum jemand stand auf. Genau wie in der Sixtinischen Kapelle wurde die Autorität nicht ganz ernst genomen.

Silvester war trübe, abends regnete es in Strömen. Aber zu dem Zeitpunkt saßen wir glücklicherweise schon im Keller. Bei der Reservierung hatten wir nämlich wählen können: einen Tisch draußen unter Sonnenschirmen oder im Keller des Lokals. Na, die Wahl war nicht schwierig! Als wir ankamen, wurden wir in ein Kellergewölbe geleitet. Ein schöner Raum, ziemlich niedrige Decke. Die Klimaanlage lief auf vollen Touren. Und blies mir die kalte Luft direkt in den Ausschnitt. Auf meine Bitte hin wurde die Klimaanlage netterweise gedrosselt, sonst hätte ich meine Jacke wieder angezogen. Festessen in Winterjacke!

Alle Tische waren besetzt.
»Wie die Küche das wohl hinbekommen wird, diese vielen Gäste gleichzeitig zu versorgen?«
Bei den *Antipasti* war das schlau gelöst: Es gab kalte Köstlichkeiten. Für jeden eine große Platte mit gegrilltem Gemüse, Salami, Schinken und Fischhäppchen. Bis zum nächsten Gang, *dem Primo*, lief augenscheinlich alles nach Plan. Dann kam der *Secondo*. Jedenfalls bei uns. An anderen Tischen mussten die Gäste eine halbe Ewigkeit darauf warten. Nach dem Dessert schauten wir auf die Uhr.
»Schon halb zwölf durch. Guck mal, die dort hinten haben ihr Hauptgericht immer noch nicht.«

Das war eine Gruppe von zwanzig Studenten. Sie warteten bestimmt schon über eine Stunde auf ihr Essen. Und dabei ließe sich so ein Gericht problemlos in großen Mengen zubereiten und warm halten. Es gab nämlich *Cotechino con lenticchie*, Linsentopf mit Schweinshaxe. Vielleicht klingt das nicht nach Festessen, aber ... es bringt Glück. Deswegen ist es das traditionelle Silvesteressen in Italien. Das Schweinefleisch sorgt für ein glückliches neues Jahr, während die *Lenticchie*, die Linsen, die winzigen Münzen ähneln, für eine Verbesserung der finanziellen Lage sorgen sollen. Unter diesem Aspekt fanden wir es zu riskant, nicht alles aufzuessen. Wir haben also nichts stehen lassen, obwohl es eigentlich zu viel war.

Kurz vor Mitternacht kamen die Flaschen Spumante, die man selbst öffnen musste, auf den Tisch. Die Korken knallten und flogen uns um die Ohren. Nachdem sie die niedrige Decke erreicht hatten, waren sie an den Rundungen des Gewölbes abgeprallt. Dadurch schossen diese Projektile unkontrolliert kreuz und quer durch den Raum. Gut, dass es keine Verletzungen gab! Alle fanden die Situation unheimlich lustig.

Auch die Studenten, die fünf Minuten zuvor ihren Linseneintopf bekommen hatten. Es wurde angestoßen, *buon anno* gewünscht und geküsst. Die Stimmung war ausgelassen und mitreißend. Das Feuerwerk draußen interessierte uns in dem Moment nicht besonders. Lag aber auch am Regen. Darauf hatten wir keine Lust.

Später versuchten wir, ein Taxi zu bekommen, und gingen zum Lungotevere, der Hauptstraße, die am Tiber entlangführt. Auf dem Weg dorthin achteten wir darauf, dass uns kein Geschirr auf den Kopf fiel, denn es gehört in Rom zur Neujahrstradition, altes Geschirr aus dem Fenster zu werfen. Soll auch Glück bringen. Auf der Brücke bei der Tiberinsel angekommen, machten wir Halt und beobachteten die wilde Strömung unter uns. In dem Moment holte die Freundin unseres Sohnes ein Glas aus ihrer Tasche und warf es mit Schwung ins Wasser.

»Was sollte das denn jetzt?«
»Ich denk, das soll Glück bringen? Linsen hab ich gegessen, einen roten Slip bekommen und angezogen. Und dann dieses Glas im Restaurant mitgehen lassen, damit ich auch noch altes Geschirr runterwerfen kann.«
»Ist das nicht ein bisschen übertrieben?«
»Ich wollte einfach jedes Risiko ausschließen.«

Pisa und Florenz
Das Wetter ist natürlich immer ein Risikofaktor. Weder in Mailand noch in Rom war es wirklich kalt, aber wie wäre es mit einer Silvesterfeier im italienischen Frühling? Sagen wir ... am 25. März. Dann hätten wir die Wahl: Pisa oder Florenz. Beide toskanischen Städte sind nämlich unserer Zeit voraus. In Florenz findet traditionell in der Nacht vom 24. zum 25. März

ein großes Fest statt. Das hat mit Zeitrechnung zu tun. Und zwar im doppelten Sinne. Erstens mit der alten Zeitrechnung vor der Einführung des Gregorianischen Kalenders und zweitens mit der Dauer einer Schwangerschaft.

Auf dem Pisaner Kalender fielen nämlich am 25. März Neujahr und Maria Empfängnis zusammen. Als der Gregorianische Kalender für Neujahr den 1. Januar vorsah, wollten die Einwohner von Pisa und Florenz ihre Tradition nicht aufgeben und feierten schon Ende März *Capodanno* des darauffolgenden Jahres. Noch heute ist der 25. März offizieller Feiertag mit Prozessionen, Musik, einem Blumenfestival und Führungen. Heutzutage gilt er gleichzeitig als Eröffnung der Touristensaison.

2
Verwöhnt und vergiftet

Toskana

Keine Frage, auch wir finden die mit Zypressen verzierte Hügellandschaft der Toskana fotogen. Sehr sogar. Urlaub in einem *Agriturismo,* inmitten dieser Landschaft, ist eine Traumvorstellung. Für viele. Nicht für uns. Wir brauchen das tosende Leben einer Stadt und den italienischen Alltag. Wenn's irgendwie geht, möchten wir weder Englisch noch Deutsch hören. Das muss in der Toskana doch auch möglich sein.

Wir erlebten beide Extreme. Im mittelalterlichen San Gimignano, wo wir uns durch den überfüllten Bilderbuchort drängeln mussten, war kein Wort Italienisch zu hören. Genau wie in Volterra. Da waren die Gassen dermaßen verstopft, dass wir nicht mal drängeln konnten.

Es war nämlich Mittagszeit, und überall saßen Touristen auf Treppen, Mäuerchen und vor allem auf Bordsteinkanten. Und aßen ihre *Focacce* und *Panini.* Lange Schlangen vor den Bäckereien, die Restaurants allerdings so gut wie leer. Das konnten wir nicht mit ansehen. Also suchten wir uns ein Restaurant aus und ließen uns auf dessen schattiger Terrasse nieder, genossen die *Panini* und den Blick auf die historischen *Palazzi.* Vor allem aber die Ruhe.

Verständlich, dass etliche touristische Orte ein Picknickverbot erlassen haben. Andererseits können viele Leute kein Verständnis dafür aufbringen, wenn sie gerade in der Nähe einer Sehenswürdigkeit einen völlig überteuerten Snack gekauft haben, den aber dort gar nicht verzehren dürfen. Jedenfalls nicht im Sitzen. Zum Beispiel beim Turm von Pisa, wo der schöne Rasen der Piazza dei Miracoli förmlich zum Niederlassen einlädt.

Pisa

In Pisa bräuchte man sich jedoch nur wenige Schritte vom sogenannten Platz der Wunder mit seinem Turm zu entfernen, um sich in einer vollkommen normalen Stadt wiederzufinden. Überall wird Bezahlbares in Kaffeebars, Trattorien und auf Terrassen angeboten. Es ist eine relativ normale Studentenstadt.

Der Schiefe Turm von Pisa spiegelte sich in der Balkontür unseres Zimmers. So nah dran lag unsere bescheidene Pension. Trotzdem erlebten wir das ungeschminkte Leben der *Pisani*.

Die Pension war schon ein Erlebnis für sich. Als wir ankamen, war die Rezeption nicht besetzt, aber wir hatten keine Eile. Nach zehn Minuten klingelten wir dann doch. Nichts rührte sich. Wir warteten wiederum ein paar Minuten, bevor wir es noch einmal versuchten. Diesmal rief jemand genervt aus einem entfernten Raum:
»Bin auf dem Klo!«

Der Mann beeilte sich dann aber, denn bald darauf ging die Klospülung. Statt Händewaschen hörten wir, dass eine Tür geöffnet wurde. Ein schätzungsweise siebzigjähriger Mann trat in den Flur und kam auf uns zu, während er seine Hose zuknöpfte. An der Rezeption brauchte er nur noch schnell die Hosenträger hoch zu machen und schon war er bereit.

Wir mieteten ein Zimmer zum Spottpreis. Der einzige Nachteil der Lage war, dass wir unseren Mietwagen nicht in der Nähe abstellen konnten, denn wir befanden uns in einer autofreien Zone. Was andererseits den Vorteil hatte, dass uns nachts kein Autolärm stören würde. Dachten wir zumindest.

Abends blickten wir aus dem Fenster und bewunderten all die Autos, die sich ganz cool über das Verbot hinwegsetzten, und fragten uns:
»Wie viel wäre wohl los, wenn es erlaubt wäre, hier reinzufahren?«

Also umfuhren auch wir nicht mehr umständlich diese gesperrte Zone, sondern steuerten unseren Parkplatz direkt an. Wenn wir abends nach Hause kamen, trafen wir unsere Pensionsfamilie an, die den Feierabend zusammen verbrachte. Es waren drei Generationen, die sich im Dunkeln draußen auf der Treppe vor dem Eingang niedergelassen hatten. So hatte der Opa alle Personen unter Kontrolle, die ein- und ausgingen, konnte aber mal frische Luft schnappen und sich mit seinen Lieben unterhalten.

Morgens früh hatten wir den Platz der Wunder ganz für uns. Dieser weitläufig angelegte Platz mit seinen imposanten Gotteshäusern versetzte uns in Staunen und Bewunderung. Wir konnten uns gut vorstellen, wie er zu seinem Namen gekommen ist.

Obwohl der weiße Marmor der Monumente, der tagsüber in der Sonne strahlte und sich vom satten Grün des Rasenteppichs abhob, im Morgenlicht völlig anders aussah. Das Weiß blendete noch nicht so, wodurch die Verzierungen mehr zur Geltung kamen.

Auch die Lage machte ihn zu einem außergewöhnlichen Platz, denn er befand sich am äußersten Stadtrand. Dort war er erstens abgesondert von der Hektik des Ortes, und zweitens standen keine Gebäude im Hintergrund, wodurch er von allem losgelöst zu sein schien. Wir hatten den Eindruck, ein computermanipuliertes Bild zu betrachten.

Bevor die unzähligen Reisebusse ankamen, verließen wir ›die Wunder‹ und gingen in die Stadt. In der Via Santa Maria frühstückten wir. Immer in der gleichen Kaffeebar. Die war natürlich auf den Massentourismus eingestellt, aber so früh am Morgen war die Welt noch in Ordnung. Hier erlebten wir die *Pisani*, die auf dem Weg zur Arbeit einen *Caffè* tranken und mit dem *Barista* das Neue vom Tage durchnahmen.

Auf unserem Weg lagen die Gebäude der Universität. Der Betrieb schien noch nicht ganz eingestellt zu sein, aber in Kürze würden die Sommerferien anfangen. Die Stadt war schon ziemlich ausgestorben. In der Shoppingmeile noch nicht, aber viele Cafés und Restaurants hatten schon *per ferie* geschlossen.

Trotzdem fanden wir abends eine gute Trattoria. Bei *Da Matteo* aßen wir ein Ofengericht mit Hähnchen, das köstlich schmeckte. Außerdem genossen wir das Leutegucken. Auf der Terrasse beobachteten wir, was sich in den Familien und zwischen den Studenten abspielte. Es war nicht viel los, deswegen konnten wir dort stundenlang sitzen bleiben. Und waren uns jetzt schon einig: Dies würde unser Stammlokal werden.

Ohne Umwege steuerten wir es also am nächsten Abend an. Es hatte noch geschlossen. Wann Matteo wohl aufmachte? Er hatte doch nicht etwa Ruhetag? – Nein, viel schlimmer! An der Tür klebte ein abgerissenes Stück Pappe:
›Liebe Freunde! Wir haben ein paar Tage Urlaub. Wir sehen uns nächsten Mittwoch wieder. Matteo‹

Das war der Anfang vom Ende. Gastronomisch gesehen. Einmal sind wir sogar bis nach Viareggio ausgewichen. Nach einem Tag am Strand mit wunderschönem Blick auf die Berge erkundeten wir den Küstenort. Er ist sowohl für seine Karnevalsumzüge als auch für den Komponisten Puccini bekannt.

An der Küste
Uns ist Viareggio in Erinnerung geblieben wegen der einzigartigen Lage, der Bauten im Jugendstil und nicht zuletzt wegen der Hausfrauenküche, der *Cucina Casalinga*. Das war ein Tipp, den wir von einer Italienerin bekommen hatten:
»Vergesst Osteria und Trattoria. Das beste Essen gibt's in Familienbetrieben, wo nach traditionellen, einfachen Rezepten gekocht wird.«

Hausmannskost würden wir es nennen. Am Markt von Viareggio entdeckten wir eine Gaststätte, die mit ›Cucina Casalinga‹ warb. Und wir fielen drauf rein! Selten haben wir ein so schlechtes Essen bekommen. Garantiert waren es Fertiggerichte aus der Kühltruhe. Und dann auch noch völlig verkocht. Von *al dente* meilenweit entfernt!

Ein anderer toskanischer Küstenabschnitt hatte unser Interesse geweckt. Und zwar in der Zeit, als unserer Ansicht nach alle Sprachschulen und Reiseveranstalter mit dem gleichen Foto Werbung machten. Darauf waren rosafarbene Prachtbauten an der Steilküste von Castiglioncello zu sehen. Unten ein Strand, überall viel Grün. Ausgerechnet der Tag, an dem wir den Ausflug nach Castiglioncello geplant hatten, war trübe. Der erste Tag ohne Sonne, seit wir in der Toskana unterwegs waren. Wir waren uns nicht sicher.
»Was meinst du? Lohnt sich das?«
»Ach, was soll's, schwimmen wollen wir ohnehin nicht.«

Wäre auch nicht möglich gewesen. Als wir den Strand erreichten, wurde der Himmel zusehends schwärzer. So kündigte sich ein heftiges Unwetter um elf Uhr morgens an. Außer der Bedienung in der Cafeteria des Strandbades war weit und breit nur eine weitere Person zu sehen. Und zwar ihr Mann, der in Windeseile alle Liegestühle und Sonnenschirme in Sicherheit zu bringen versuchte. Und dabei hatte er die gerade vor ein paar Stunden noch voller Optimismus aufgestellt. Und anschließend den Sand geharkt, wie sich das in Italien gehört.

Nach dem Kaffee im Strandbad sahen wir zu, dass wir zum Auto kamen, denn das Gewitter konnte jeden Moment losgehen. Den ersten Wolkenbruch überstanden wir im Auto. Der zweite wollte gar nicht aufhören. Deswegen beschlossen wir, auszusteigen und uns in eine Bar zu setzen. Inzwischen waren wir nämlich in einem Dorf angekommen.

Auf dem Land
In der ungemütlichen Bar wurden wir weder trocken noch fröhlicher. Als sich der Regen etwas normalisierte, verließen wir die Bar und fuhren ins Landesinnere. Ziellos. Bis wir uns in einer Landschaft befanden, die uns an Bayern erinnerte. In der Ferne konnten wir schon die Berge der Apuanischen Alpen sehen. Um den Tag zu retten, beschlossen wir, ausnahmsweise mal mittags warm zu essen. Und kehrten bei einem Landgasthof ein.

Dafür, dass er sich ›Der Treffpunkt‹ nannte, war er schlecht besucht. Nur wenige Tische besetzt. In einem riesigen Raum. Die rustikale Einrichtung verriet die Nähe der Berge. Sie lieben dort viel Holz und die Gemütlichkeit schummeriger Räume. Dieser war ziemlich verwinkelt, also konnten wir uns eine Ecke suchen, in der wir nicht gleich auffielen, nass und unansehnlich, wie wir waren. Dort saßen wir gut. Aus der Küche nebenan kam ein wenig Wärme, und unseren Teil des Lokals hatten wir im Blick. Leute gucken.

Wir bestellen meistens zwei Gänge, auch wenn es uns manchmal zu viel ist. Aus strategischen Gründen bleiben wir dabei, denn wir wollen unseren Restaurantbesuch möglichst lange ausdehnen. Je länger wir dort sitzen, desto mehr füllt sich das Restaurant, und unser Abendprogramm ist gerettet.

An diesem Mittag ging es uns ebenfalls darum, so lange wie möglich zu bleiben. Und bei der Gelegenheit würden wir in dieser touristenfreien Zone gerne toskanische Köstlichkeiten genießen. Michael wollte *Primo* und *Secondo* nehmen, aber ich entschied mich für *Antipasto* und *Primo*, denn die *Crostini toscani* klangen verlockend. Sie waren unterschiedlich belegt, eins mit Paste aus Hühnerleber und Sardellen, die anderen kamen in unserem Wortschatz nicht vor. Wir waren soweit. Wir konnten bestellen. Als wir von der Speisekarte aufblickten, stellten wir fest, dass wir inzwischen die einzigen Gäste waren. Die Mittagspause der Handelsvertreter und kleinen Grüppchen Kollegen war anscheinend zu Ende.

Leider nichts zu gucken, aber auf jeden Fall lecker essen! Nach einer Weile durchzog jedoch ein strenger Geruch den Raum. Ein beißender, wie Ammoniak. Machten sie jetzt schon sauber? Zählten wir nicht als Gäste? Sollten sie schon bald schließen? Der Geruch wurde unerträglich.
»Nein, der Gestank kommt aus der Küche.«
»Das ist unmöglich. Wenn du mich fragst, ist das Ammoniak!«
»Kann ja sein, aber er kommt echt hier aus der Küche.«

Wir hatten beide recht: Es kam aus der Küche und roch nach Ammoniak. Es waren nämlich meine *Crostini*.

Da ich immer gerne meinen Mut beweise, nahm ich trotz alledem ein Häppchen. Das ich jedoch direkt an die griffbereit liegende Serviette weitergab. Der *Crostino* schmeckte, wie er roch! Die anderen zwei *Crostini* waren wahrscheinlich okay, vielleicht sogar lecker, aber meine Zunge war nicht in der Lage, sich auf einen anderen Geschmack als Ammoniak einzustellen. Nicht einmal beim nächsten Gang! Und auch nicht danach!

Der Geruch verschwand erst im Laufe des Tages aus meiner Nase beziehungsweise Einbildung. Später lasen wir, dass man vergammelte Trüffel am extremen Ammoniakgeruch erkennt. Endlich hatten wir eine Erklärung gefunden. Frischen Trüffel finde ich schon nicht verlockend, auch wenn alle anderen Italienliebhaber dafür einen Mord begehen würden. Ich nicht. Höchstens am Koch.

3

Arme Reiche und kleine Riesen

Sardinien

Der letzte Tag auf dem Campingplatz in Cala Gonone ging dem Ende zu. Noch eine Nacht, und dann sollte es weitergehen. Der schattige Platz hatte uns gut gefallen. Die Bar, in der wir immer frühstückten, war hervorragend. Nur die Bauweise der Hütten war völlig daneben! Die Einbauküchen befanden sich unter freiem Himmel auf der äußerst geräumigen Terrasse. Anscheinend regnete es dort nie. Und wenn, dann erledigte sich der Abwasch von selbst. Das war also nicht das Problem. Schon eher die Tatsache, dass immer zwei Häuschen zusammengehörten und deren Terrassen nur mit einem Balken unterteilt waren. Dadurch lebten wir also praktisch mit unseren Nachbarn zusammen auf einer riesigen Terrasse. Wir konnten nur hoffen, dass wir nette Nachbarn haben würden. Aber zu nette auch wieder nicht, die bis spät in die Nacht Besuch haben und Party machen würden.

Unsere waren furchtbar unfreundlich. Der Abschied fiel uns also nicht so schwer, als wir am nächsten Morgen nach Alghero aufbrachen. Vom Osten in den Nordwesten, also durch die Berge. Auf halber Strecke war es Zeit für einen Cappuccino. In einem ländlich gelegenen Lokal mit Garten genossen wir die Sonne und die Stille. Wir waren nämlich die einzigen Gäste. Die Bedienung war sehr nett. Aber auch der Beo, denn der begrüßte uns von seinem Käfig aus ebenfalls mit »Buongiorno«.

Am liebsten wären wir dort noch länger sitzen geblieben, aber unser Bed and Breakfast in Alghero erwartete uns. Kurz bevor wir bezahlen wollten, kam ein weiterer Gast, ein ziemlich eleganter Herr von über fünfzig. Natürlich wurde auch er von dem Vogel begrüßt. Er sah sich verwundert um, bis er unseren Tisch entdeckte, der von großen Pflanzen halb verdeckt war. Der Herr nickte mir zu und antwortete galant: »*Buongiorno, signora!*« Hat er tatsächlich geglaubt, dass das gekrächzte »*Buongiorno*« von mir gekommen war?

Zugegeben, auch wir waren an dem Morgen einer Täuschung unterlegen, als wir uns einbildeten, das Bed and Breakfast in Alghero würde uns erwarten. Alghero war ein kleines Städtchen. Unsere Unterkunft lag mitten im Zentrum an einer breiteren Straße, deren Häuser an die Altbauten in Hamburg oder Berlin erinnerten. Nur dann noch eine Etage höher. Wie in Paris! Bei unserem Haus reagierte niemand auf das Klingeln. »Haben wir eine Telefonnummer?« Nein, hatten wir nicht. Kurzerhand setzten wir uns wieder ins Auto und fuhren an die Küste.

Wir fanden eine verschlafen wirkende Diskothek am Strand. In Liegestühlen hängend, ließen wir uns den Imbiss schmecken, den sie netterweise eigens für uns kreiert hatten. Das Lokal war nämlich noch geschlossen; es wurde gerade geputzt. Irgendwann erreichten wir einen unbeschreiblich lahmen Zustand, rafften uns dann aber doch auf und fuhren zum Bed and Breakfast zurück. Tatsächlich! Uns wurde geöffnet und über die Sprechanlage erklärt, dass wir den Aufzug bis zur fünften Etage nehmen sollten. Als wir ausstiegen, waren wir etwas verwirrt, denn wir befanden uns bereits mitten in der Wohnung!

In diesem Stadtteil war das Dachgeschoss garantiert das beliebteste Stockwerk. Warum? Zur Straßenseite hin hatten alle Dachwohnungen eine großzügige Terrasse über die gesamte Breite des Gebäudes. Diese war vollständig eingerichtet und diente offensichtlich zugleich als Garten, Küche und Wohnzimmer. Jedenfalls im Sommer.

Die Lage war optimal. Nur ein paar Meter von der Altstadt entfernt, wo mich an jeder Ecke ein Fotomotiv erwartete. Vor allem morgens, wenn noch nicht so viel los war. Entlang der beeindruckenden Seemauer und auf dem Hauptplatz häuften sich die Cafés und Restaurants. Trotzdem fiel uns eins besonders auf: ein Restaurant für Romantiker. Das interessante Konzept verriet schon der Name: *Solo per due*. Die Tische standen direkt am Wasser und waren ausschließlich für zwei Personen gedacht. Und das an der Sonnenuntergangseite! Gute Idee. Aber ob das wohl läuft? Auf jeden Fall war es von Vorteil, dass dieser Küstenabschnitt nicht so streng roch wie alle anderen in Alghero.

In anderen Orten war uns das nicht aufgefallen. – Ach doch: in Bosa. Das lag an einem Fluss, der auch nicht gerade frisch roch. Nach unseren Streifzügen durch die uralte, aber besonders farbenfrohe Altstadt suchten wir uns am Fluss gerade ein Lokal für einen Snack aus, als der Modergeruch unseren Appetit verscheuchte.

Unser Hotel in Cagliari konnte da übrigens ohne Weiteres mithalten. Wenn man den Treppenaufgang bis zum zweiten Stock überlebt hatte, konnte man wieder einatmen. Und ausatmen, sich entspannen und – in unserem Fall – den Ausblick genießen. Obwohl das Hotel an der Via Roma lag, der Hauptschlagader der Stadt, hatten wir einen wunderbaren Meerblick, auch vom Frühstücksraum aus.

Von Alghero ging's nach Oristano, nicht weit von der Westküste. Ein aufgeräumtes, offenbar nicht gerade armes Zentrum, das wirklich nett anzuschauen war. Nach unzähligen Versuchen, es mit dem Auto zu erreichen, parkten wir endlich in unmittelbarer Nähe unseres Bed and Breakfast, das direkt an der Piazza Eleonora lag. Wir konnten es nicht fassen, aber auch hier wurde uns nicht geöffnet! Wozu hatte Andrea sich eigentlich nach unserer Ankunftszeit erkundigt, wenn er sowieso nicht da war? Das war uns noch nie passiert, und hier auf Sardinien schon zum zweiten Mal!

Das Problem löste sich fast von selbst. Wir riefen an, und eine Viertelstunde später war Andrea da. Was wir dem von der Sonne angestrahlten Palazzo von außen nicht angesehen hatten: Er war fünfhundert Jahre alt. Und innen stockdunkel. Nicht nur deswegen verlief ich mich ständig. Einmal landete ich in einer antiken Bibliothek, die an einen ebenso antiken Salon grenzte. Welch ein Vertrauen, das Andrea seinen Gästen entgegenbrachte! Wir vermuteten, dass das Gebäude ein Erbstück war und Andrea versuchte, es zu halten, indem er Zimmer vermietete. Und zwar mit Frühstück, was man in Italien von einem Bed and Breakfast ja nicht immer erwarten kann. Und schon gar nicht so ein üppiges wie bei Andrea!

Oristano
Das alte Zentrum war sehr übersichtlich und während der Siesta furchtbar langweilig. Und die schien gar kein Ende zu nehmen. Sowohl davor als auch danach waren einige Leute unterwegs, und die Cafés waren gut besetzt. Aber dass dort das Leben tobte, konnten wir nicht gerade behaupten. Deswegen waren wir besonders überrascht, dass es eines Abends einen Menschenauflauf gab. Aus allen Richtungen strömten die Leute zur Piazza Eleonora: Eltern mit Buggys, Jugendliche, ältere Paare und Senioren. Wir waren auf dem Heimweg und blieben stehen, um das Schauspiel zu beobachten. Eine Frau tanzte mit ihrer fast erwachsenen Tochter zur Musik, die aus den Lautsprechern tönte. Sah allerdings nicht nach offiziellem Programm aus.

»Was soll das denn werden?« – Auf jeden Fall keine der üblichen Musikveranstaltungen, die es in Italien an Sommerabenden überall gab.

Erst, als mehrere Paare die sogenannte Tanzfläche betraten, wurde uns klar, dass es einfach ein Tanzabend war. Zwischendurch wurde natürlich auch laut mitgesungen. Unsere Augen blieben immer wieder an den ältesten Paaren haften. Wie gelenkig und mit welcher Ausdauer sie einen Tanz nach dem anderen auf das nicht vorhandene Parkett legten! Und dabei waren sie angekommen, als könnten sie kaum laufen! Wie sie auflebten, wie sie strahlten! Hierauf hatten sie sich seit Wochen gefreut. Überlegt, was sie anziehen, nachgesehen, ob die Kleidung noch passt und in Ordnung ist. Alles schon zurechtgelegt und die Schuhe geputzt. Apropos Kleidung: Die schien in den meisten Fällen gekürzt worden zu sein. Und nicht nur ein bisschen. Es fiel uns in erster Linie an den Männerhosen auf. Hatten die Männer denn so kurze Beine? Wir schauten uns um.

Inzwischen waren wir von den Massen eingekesselt. – Ohne es bemerkt zu haben? Verdutzt stellten wir fest, dass wir kleine Riesen waren. Mit meinen 1,64 Meter war ich in Oristano so groß wie die Männer. Mindestens. Und Michael erschien mir wie ein Riese! Abgesehen von ein paar jüngeren Männern waren die *Oristanesi* kleinwüchsig und ganz zierlich gebaut. Leicht verwirrt verlagerte sich unsere Aufmerksamkeit vom Tanz auf die Zuschauer in unserer Nähe. Wo die jungen Leute wohl ihre Kleidung kauften? Die war modern, und die Frauen trugen höchstens Größe 32, aber dann kürzer gemacht. Ich kam mir plötzlich nicht nur groß, sondern auch ziemlich übergewichtig vor.

Strände mit Kultur
Westlich von Oristano lag die Halbinsel Sinis, ein wundervolles Naturgebiet mit viel Strand und noch mehr Wind. Und nicht zu vergessen: mit einer byzantinischen Kirche, die etwas unvermittelt in der Küstenlandschaft stand. Sie war erstaunlich gut erhalten. Nicht weit davon entfernt konnten wir auch die Überreste der antiken Stadt Tharros besichtigen. Sie lag praktisch am Strand, was nicht verwunderlich war, denn Tharros war vor zweieinhalbtausend Jahren eine bedeutende Hafenstadt gewesen.

Von Cagliari aus fuhren wir mit dem Bus nach Westen. Dort besuchten wir bei Pula die Ausgrabungen der antiken Stadt Nora und entkamen mit knapper Not einem Sonnenstich. Die Lage von Nora war genial, denn sie befand sich auf einer Anhöhe direkt am Meer. Auf dem Weg dorthin gingen wir an der Küste entlang. An einem wunderbaren Küstenabschnitt tummelten sich die Badegäste am oder im türkisfarbenen Wasser. Wir hatten eine Bar am Strand erwartet und freuten uns schon auf ein kaltes Getränk mit einem leckeren *Panino*. Das Gebäude hatten wir schon erspäht. Allerdings eins aus Stein. Gemauert. Erdfarben. Und schon älter, oder? Als wir näher kamen, erkannten wir es: eine *chiesetta*, eine kleine Kirche. Sie war in der Tat schon etwas älter, vor knapp tausend Jahren gebaut. Und Brötchen wurden uns dort nicht serviert! Zwischen Kirche und riesiger Grünanlage mit dickstämmigen Dattelpalmen gab's aber glücklicherweise ein Restaurant mit Bar. Unsere Rettung!

Auf dem Rückweg von Nora fanden wir ganz in der Nähe einen weiteren idyllischen Strand. Offenbar ein Geheimtipp unter Italienern. – Genau nach unserem Geschmack. Apropos Geschmack: Das Essen an dem Strand war köstlich. Wir gönnten uns eine Portion Miesmuscheln, *Cozze alla Marinara*, die so groß war, dass wir ernsthaft überlegten, das Abendessen ausfallen zu lassen.

Bis dahin hatten wir jedoch schon wieder so viele Kalorien verbrannt, dass die Diskussion gar nicht mehr aufkam. Das Problem war nämlich, dass wir unseren Ausflug mit öffentlichen Verkehrsmitteln zu optimistisch geplant hatten. Wir mussten einige Kilometer zu Fuß zurücklegen. In sengender Hitze!

Bequem zum Strand
Am Strand Poetto, östlich von Cagliari, waren wir auch zu optimistisch gewesen. Wir dachten, beim *Tabacchi* oder in einer Bar Fahrkarten für die Rückfahrt kaufen zu können, aber alle schickten uns zur Bushaltestelle. Dort gäbe es einen Automaten. Hatten wir noch nie erlebt! Stimmte aber. Nur leider war er leer. Also stiegen wir ohne Fahrschein in den Bus und erklärten dem Fahrer das Problem. Er verkaufe keine *Biglietti*, infolgedessen könnten wir nicht mitfahren, war seine barsche Antwort.
»Und jetzt?«
»Wie: Und jetzt?«, gab er zurück. Inzwischen schon weniger streng.
Da wir uns weigerten auszusteigen, zog er nur die Schultern hoch, legte den ersten Gang ein und fuhr los. Ausgerechnet auf dieser Strecke stieg kurze Zeit später ein Kontrolleur zu. Dem erzählten wir hapernd auf Italienisch unsere Geschichte und stellten uns während seiner anschließenden Tirade taub. Mit Erfolg: Er ließ uns in Ruhe.

Als wir an der Endstation in Cagliari ausstiegen, hatten wir keine Ahnung, an welchem Ende der Stadt wir uns befanden. Nur eins war uns klar: Wir waren sehr weit von unserem Viertel entfernt! Also beschlossen wir, im Laden Fahrkarten zu kaufen und dann die passende Buslinie zu suchen. Unterdessen beobachtete der Kontrolleur jede unserer Bewegungen. Wahrscheinlich hätte er uns persönlich aus dem nächsten Bus geholt, den wir ohne Fahrkarte bestiegen hätten.

Aber im Laden waren die *Biglietti* ebenfalls ausverkauft! Wir traten wieder auf die Straße und sahen, dass der Kontrolleur uns noch immer observierte. Er wusste wahrscheinlich, dass es in dem Laden schon seit Wochen keine Fahrscheine gab, und wollte uns beim nächsten Fehltritt schnappen. Den Gefallen taten wir ihm nicht. Kurz entschlossen schlugen wir eine Richtung ein, die sich glücklicherweise als die richtige herausstellte. Trotzdem war es ein Fußmarsch von vielen Kilometern.

Ferragosto
Auf diesen vielen Kilometern entdeckten wir einige Restaurants in romantischer Lage. Der nächste Tag war *Ferragosto*, der 15. August. An dem Tag ist ganz Italien im Ausnahmezustand. Es ist der zweitwichtigste Feiertag des Jahres. Wer dann gerade in Urlaub ist, geht abends auf jeden Fall essen. Wir konnten uns gut vorstellen, dass wir dann keinen Tisch in einem dieser schön gelegenen Restaurants bekommen würden. Deswegen versuchten wir, für den nächsten Tag zu reservieren. Das funktionierte allerdings nicht. Die einen sagten, sie seien ausgebucht, weil dann *Ferragosto* sei. Andere sagten, sie würden für *Ferragosto* keine Reservierungen vornehmen. Letzteres fanden wir unlogisch, vermuteten aber, dass sie keine Touristen dabeihaben wollten. Denn an dem Tag würde das Lokal auch ohne Touristen voll besetzt sein.

Wir lösten das Problem, indem wir bei der Chinesin bei unserem Hotel um die Ecke essen gingen. Nicht etwa chinesisch! Es war beste italienische Küche zu günstigen Preisen. Das Lokal lag im ersten Stock und war leider entsprechend stickig. Es wurde von einem italienisch-chinesischen Paar geführt. Uns fiel auf, dass ausländische Gäste auch hier nicht im Mittelpunkt des Interesses standen. Die Stammgäste hingegen wurden den ganzen Abend persönlich von der Chefin betreut. Das war offenbar ihre einzige Aufgabe. Und wir müssen sagen: Sie packte die Italiener gekonnt in Watte. Und verdiente – unserer Einschätzung nach – nicht schlecht daran.

Strände und Natur pur
Die spektakulärsten Strände fanden wir an der Ostküste, am Golfo di Orosei. Sie waren nur mit dem Boot zu erreichen. Bootsvermietungen gab es überall, aber wir wollten nicht selbst fahren und entschieden uns für einen Ausflug mit zehn Leuten in einem größeren Schlauchboot. Die Größe war genau richtig, denn andere Ausflugsschiffe konnten nicht in die Grotten hineinfahren. Dafür hatten die wahrscheinlich eine Toilette an Bord und boten eventuell etwas zu essen an. Wir hatten Picknick- und Badesachen dabei und vor allem: die Kamera.

Es ging vormittags in Cala Gonone los, und wir wurden aufgefordert, gleich zu fotografieren, denn das Licht und die Farben würden auf der Rückfahrt weniger beeindruckend sein. Was es zu sehen gab? Türkisblaues Wasser im Kontrast zu blendend weißer Steilküste, die das Wasser allerdings nicht zu erreichen schien. Durch die zahlreichen Grotten hatten wir den Eindruck, die senkrecht abfallenden Felsen würden über dem Wasser schweben. An anderer Stelle erinnerte der Anblick an eine Reihe Backenzähne mit Zahnfleischschwund.

In kleinen Einbuchtungen hielten wir schon mal an. Wo das Wasser von unten her erleuchtet wurde wie bei der Blauen Grotte, sprangen manche ins Wasser, um die romantische Umgebung besonders zu genießen. Mir reichte es, diese Eindrücke mit der Kamera festzuhalten. Dazu hatte ich auch an den einsamen Stränden ausreichend Gelegenheit. Dort schienen nicht die Felsen zu schweben, sondern die Boote, deren Schatten durch das glasklare Wasser hindurch am Meeresboden zu sehen waren. Wir fuhren bis zur Cala Goloritzè, wo wir die turmhohen Felsformationen am Strand bestaunten. Auch der Strand war ausschließlich vom Wasser aus erreichbar. Glaubten wir zumindest. Bis auf einmal ein paar junge Leute in voller Klettermontur an unserem Handtuch vorbeistiefelten! Sie machten gerade einen Kurs im Abseilen und befanden sich jetzt, bei dreißig Grad im Schatten, inmitten eines Grüppchens halb nackter Sonnenanbeter. – Ein lustiger Anblick!

Es gab an der ganzen Küste nur einen Strand mit Bar, Restaurant und Toilette. Der Strand Cala Luna, die Mondbucht, unterschied sich jedoch nicht nur dadurch von den anderen. Die langgestreckte Bucht hatte die Form einer Mondsichel und wurde rechts und links von hohen Bergen flankiert. Fast parallel zum Küstenverlauf entdeckten wir einen Fluss mit üppiger Vegetation. Wirklich einzigartig! Was ebenfalls außergewöhnlich war: Vor der Küste ankerten nicht wenige Motorjachten. Auch nicht gerade die kleinsten. Als wir sie passierten, kamen aus einer Riesenjacht gerade sechs Jetski geschossen, die daraufhin den Strand ansteuerten.

Wer weiß, vielleicht war an der Cala Luna so viel los, weil die Jachten dort umsonst ankern durften. – Günstig für Reiche wie Bill Gates, der die Hafengebühren an Sardiniens Promistrand Costa Smeralda so überzogen fand, dass er sich weigerte, dort zu bleiben. Die Medien lästerten, die 3.000 Euro Hafengebühren würden nur einen Bruchteil der Unterhaltskosten für eine Jacht seiner Größe ausmachen. – Die armen Reichen! Sie sind wirklich zu bedauern.

Cagliari
Wie wär's mit einem Cappuccino auf der Aussichtsterrasse im Burgviertel? Der Aufstieg zur Altstadt war anstrengend, aber er lohnte sich! Die einheimischen Gäste des Cafés waren halb so alt wie wir. Konnten es sich allerdings leisten, abends dort oben zu speisen. Wir genossen in dem modernen Ambiente unseren Kaffee oder höchstens mal einen *Aperitivo*, ein Getränk mit ein paar Häppchen, die vom aufkommenden Hunger am frühen Abend ablenken sollten.

Unseren Cappuccino tranken wir gewöhnlich unter den Arkaden bei unserem Hotel unten in der Stadt, wo die Via Roma am Meer entlangführte. Dort saßen wir schön schattig und gleichzeitig inmitten des quirligen Alltagslebens der *Cagliaritani*. Vor unserer Nase fuhren Busse in alle Richtungen ab.
»Sollen wir zum Strand und dort Mittag essen?«
»Warum nicht?«

In wenigen Minuten waren wir dort und konnten aus verschiedenen Strandbädern wählen, die sie dort *Lido* nannten. Jeder *Lido* hatte eine Bar und vermietete Liegen mit Sonnenschirmen. Preise, Gäste und Atmosphäre variierten jedoch. Für uns gab es reichlich Auswahl. Wir fanden immer ein schattiges Plätzchen, nette Bedienung, leckere Panini und frisches Obst. Vor allem aber eine Umgebung *rilassante*. Entspannter ging's nicht! Wir fanden Cagliari einen optimalen Ort für Leute, die authentisches Stadtleben mit Strand und Kultur verbinden, aber auf ein Auto verzichten möchten.

4

Bärenhunger

Trentino

Normalerweise suchen wir in den Winterferien sonnige Inseln auf. Da es in Skigebieten oft auch wärmende Sonne gibt, wollten wir mal ausprobieren, wie uns das gefällt. Wir buchten eine Reise mit Hotel und obligatorischer Halbpension. Machen wir sonst nie. Wir essen immer gerne in verschiedenen Restaurants. Wenn's geht, draußen mit Meerblick oder mitten im Trubel, sodass wir was zum Gucken haben. Im Winter ist das natürlich nicht machbar. Da das Angebot dieser Skireise günstig war, haben wir uns schnell entschieden und trotz Halbpension gebucht.

I Dolomiti di Brenta
Unser Hotel lag in den Brenta Dolomiten, die man an den rötlich braunen, turmförmigen Felsformationen erkennt. Wir wohnten in Molveno, einem netten Ort direkt am See. Der lang gezogene Molveno-See wurde von bewaldeten Bergen gesäumt. Unser Dorf befand sich am nördlichen Zipfel des Sees, der morgens manchmal im Nebel lag. Bei unserem zweiten Cappuccino sahen wir zu, wie der Nebel nach und nach das Dorf und die Landschaft dahinter preisgab. – Eine ideale Märchenkulisse.

Zum Skigebiet mussten wir mit dem Bus nach Andalo, wo wir den Skilift nahmen. Auf dem Gipfel blieb uns die Luft weg. Welch eine Aussicht! Zu unseren Füßen lag, eingebettet zwischen hohen Felsen, ein riesiger See, der die Blautöne des Himmels widerspiegelte. Während wir noch rätselten, welcher See es sein könnte, schallte die Antwort schon durch die Berglandschaft: »*Il Lago di Gardaaa!*« Zwei Paare, ebenfalls ohne Ski, waren gerade oben angekommen. Eine der Damen hatte den See als Erste entdeckt und wiederholte mit kindlicher Begeisterung, was sie sah, bis die anderen ihr folgten.

Landschaftlich ein sagenhaftes Gebiet. Auch ohne Skifahren. Und unter kulinarischem Gesichtspunkt war es auch nicht zu verachten. Obwohl wir bei dem Namen des Hotels unsere Zweifel gehabt hatten. Es hieß nämlich ›Londra‹. Schon am ersten Abend waren wir beruhigt: Britische Küche war dies keineswegs!

Solo andata
Wir wollten auf unseren Hausberg. Bei der Seilbahn im Norden Molvenos lösten wir *due biglietti solo andata*. Zurück wollten wir nämlich zu Fuß gehen. Oben angekommen, steuerten wir direkt auf eine Bank am Rande des Plateaus zu. Die Sonne wärmte ganz schön, und wir hatten nicht vor, diesen herrlichen Platz in absehbarer Zeit zu verlassen. Wir befanden uns in einer Höhe von 350 Metern und genossen die Aussicht über die Berge und den Molveno-See.

Mehrere Leute kamen an. Hinter uns. Wir hörten sie nur. Offenbar eine Gruppe Italiener. Mit Kindern. Hatten eine Wandertour mit Schneeschuhen gemacht, hörten wir raus. Bis wir gar nichts mehr verstehen konnten, weil die jungen Väter ausrasteten, als sie einen Adler am Himmel entdeckten. Sie gaben nicht eher Ruhe, bis ihre Söhne endlich Interesse zeigten. Kein übermäßiges, aber immerhin ... Interesse.

Dann hörten wir auch Frauenstimmen:
»Antonio, welches möchtest du, Kochschinken und Käse oder rohen Schinken mit Mozzarella? Thunfisch? Ja, gibt's auch.«
›So, so, die haben aber leckere Brote für unterwegs mitgenommen‹, dachte ich, während mir das Wasser im Mund zusammenlief.

Als eine andere Frau in die Runde fragte, wer Weißen und wer Roten möchte, drehten wir uns synchron um. Und trauten unseren Augen nicht. Da standen fünfzehn Leute um einen langen Picknicktisch herum, der restlos überladen war. Sie hatten hier in wenigen Minuten ein beachtenswertes Buffet aufgebaut. Mit allem Drum und Dran. Und alles inmitten der Schneelandschaft bei Minusgraden.

Die Kinder spielten im tiefen Schnee, und selbst die Väter hatten von dem vermeintlichen Adler abgelassen und genossen die Köstlichkeiten. Ich sah vor meinem geistigen Auge, wie die Frauen morgens extra früh aufgestanden waren, um das alles vorzubereiten und einzupacken. Und wie die Männer sich auf der kilometerlangen Tour mit den Weinflaschen abgeschleppt hatten.

Um das Buffet genauer in Augenschein nehmen zu können, entschieden wir uns für einen Schlenker in das Waldgebiet hinter uns, wo wir ohne Schneeschuhe allerdings sofort bis über die Knie im Schnee versanken und schon bald umkehrten. Das Festmahl war noch immer in vollem Gange. Welch ein harmonisches Bild im strahlendweißen Nichts unter blauem Himmel!

Orso bruno
Molveno lag am Rand des *Parco Naturale Adamello Brenta*. In der Leseecke unseres Hotels gab es fast ausschließlich Informationen zu diesem Naturschutzgebiet, dessen Symbol der *Orso bruno*, der Braunbär, ist. Und um den drehten sich fast alle Artikel. Interessant, wie die Bären so leben. Ich weiß nicht, ob ich im Sommer so fröhlich durch den Wald spazieren würde, wenn mir dort ein Bär begegnen könnte. Immerhin sind es ja keine Kuscheltiere, sondern ernst zu nehmende Raubtiere.

Im Frühling und Herbst ist die Wahrscheinlichkeit, einem zu begegnen, gering, denn dann sind sie vor allem in der Dämmerung und nachts unterwegs. Im Sommer aber auch tagsüber. Angeblich tun sie keinem etwas zuleide. Zumindest, solange sie keinen Appetit verspüren.

Und Hunger haben sie eigentlich nie, denn das Gebiet ist eine riesige Vorratskammer mit unendlich vielen Nahrungsmitteln für Braunbären. Praktischerweise sind sie Allesfresser. Sie lieben Honig. Aber auch Beeren, Pilze und Vogelnester samt Inhalt finden sie lecker. Notfalls fressen sie auch mal Gras. Lieber aber ein paar Nagetiere oder bei größerem Appetit eine Ziege.

Es gibt also immer genug Futter, außer im Winter. Deswegen fressen sie im Herbst noch mehr als sonst und graben sich zum Winter eine Höhle in einen Erdhügel und halten Winterruhe. In der Zeit schlafen sie nicht wirklich, aber sie ruhen. Fressen nichts und müssen auch nicht zur Toilette. So verharren sie in dem Bau, bis der Frühling kommt. Es sei denn, sie wachen mal auf. Zum Beispiel durch Geräusche. Oder vor Hunger.

Dann gehen sie doch mal vor die Tür und vertreten sich kurz die Beine. In den Büchern war abgebildet, wie man die Höhlen erkennt. Nämlich an den Resten von Nahrungsmitteln, die der Bär angeschleppt hat. Zum Beispiel Zweige, die abgebrochen sind, als ein Ast in die Höhle gezogen wurde. Außerdem müssen sie im wachen Zustand dann doch und erleichtern sich gleich in der Nähe des Höhleneingangs. Normalerweise würde man das gar nicht so gut erkennen, aber wenn Schnee liegt, fallen Nahrungsreste und Kot sofort auf. Wer darauf achtet, erkennt dann auch den Eingang im Erdhügel.

Eines Tages tauchten diese beeindruckenden Bilder wieder auf. Während einer anstrengenden Bergwanderung im Wald. Diesmal allerdings in der Realität! In dem Moment war meine Neugierde stärker als die Angst. Vor dem Erdhügel lagen Kot und Reste der vegetarischen Beute. Jedoch keine Spuren im Schnee. Sonst hätte ich wahrscheinlich einen Herzschlag bekommen. Die Angst befiel mich erst Minuten später, als ich versuchte, Michael einzuholen. Bei jedem Geräusch drehte ich mich um. Dabei waren mir vorher gar keine aufgefallen. Jetzt erschreckte ich mich, wenn dicke Schneeschichten vom Baum fielen oder auch nur ein Ast knackte. Michael konnte das alles nicht beeindrucken, aber ich dachte mir eine Strategie nach der anderen aus.

›Soll ich den Bären mit unserem Proviant ablenken, wenn er Michael anfallen will? Oder ist es schlauer, erst auf einen Baum zu klettern und dann die Butterbrote runterzuwerfen? Hinterherklettern können sie nämlich nicht, weil sie so schwer sind.‹ Ich war voll im Stress. Durch das ständige Umschauen war es schwierig, Michaels Tempo beizubehalten, das sich inzwischen ungefähr verdoppelt hatte. Ausschließlich, weil ihm kalt war. – Behauptete er jedenfalls, als wir total erschöpft beim Skilift ankamen, der uns ins Dorf hinunterbringen sollte.

»*Scusi*, aber dieser hat schon geschlossen.«
»Und jetzt?«
»Sie müssen zum nächsten gehen, der fährt noch.«

Das durfte nicht wahr sein! So weit noch? Auf der Piste fegte ein kräftiger Wind. Endlich kamen wir beim Sessellift an, konnten die Talfahrt in der Dämmerung jedoch nicht so recht genießen, denn wir waren durchgefroren bis auf die Knochen und wollten nur noch nach Hause. Außerdem hatten wir einen Bärenhunger!

Specialità
Noch zwei Stunden bis zum Abendessen. Dann würden wir wieder verwöhnt werden. Als *Primo* bekamen wir immer Pasta oder *Gnocchi*. Als *Gnocchi*-Spezialität der Region gelten die *Strangolapreti*, die Priesterwürger. Sie sind nicht aus Kartoffeln, sondern aus Nudelteig mit Spinat gemacht. Und so lecker, dass man schon mal daran ersticken kann, wenn man sie so gierig herunterschlingt wie die Priester, die der Legende nach gar nicht mehr aufhören konnten.

Als *Secondo* wurde immer Fleisch oder Geflügel serviert, oft mit Polenta als Beilage. Einfach köstlich! Neben dem Nachtisch gab es ein großes Angebot an Kuchen, Torte und Apfelstrudel. Im Trentino werden Apfelbäume gezüchtet und im großen Stil angebaut: drei Apfelsorten, davon eine eigens für den Apfelstrudel. Der ist – seit der Zeit des kaiserlichen Österreichs – in dieser Region nämlich nicht mehr wegzudenken.

Und dann die Weine. Auch da hat Trentino einiges zu bieten. Wein schien sowieso das Nationalgetränk zu sein. Wir wunderten uns über die älteren Männer, die sich morgens im Café auf ein Gläschen Wein trafen, genau wie die Arbeitskollegen in ihrer Pause. Am meisten schockte uns jedoch die Gruppe junger Leute, die morgens um neun in der Bahnhofsbar flaschenweise Prosecco trank, bis der Zug kam. Nach anderthalb Stunden.

Trentino liegt zwischen den Dolomiten und dem Gardasee. Das schlägt sich in der Verschmelzung deftiger Gebirgsspezialitäten und leichter mediterraner Küche nieder. Für uns war es eine gelungene Kombination aus Winterurlaub und kulinarischer Reise!

Selbst in den Selbstbedienungslokalen an den Skipisten hatte das Essen einen hohen Stellenwert. In den Wanderhütten war das Angebot erstaunlich gut. Schon die alpine Atmosphäre der Ausstattung der Hütten war einladend. Die Gäste wärmten sich am Kachelofen in der Raummitte oder am Kaminfeuer. Hierher kamen die Leute nicht für eine Fast-Food-Mahlzeit. Sie genossen sowohl die Spezialitäten als auch das Zusammensein mit Familie oder Freunden.

5

Sonnenuntergang als Vorspeise

Ischia

Diese Insel ist für Leute, die im Urlaub kein Deutsch hören möchten, leider nicht geeignet. Wer Thermalbäder im sonnigen Klima und in einzigartiger Landschaft liebt, muss da allerdings durch. Ischia hat mehrere paradiesische Thermalgärten, die kunstvoll angelegt und harmonisch in die Landschaft eingebettet sind. Die meisten haben Zugang zum Strand.

Wir entscheiden uns für Sant'Angelo. Dann kann Michael sich in den *Giardini termali Apollon-Aphrodite* vergnügen und ich den malerischen Ort fotografieren. Mal sehen, ob ich etwas Authentisches finden kann. Was nicht so einfach sein wird, denn wir haben Hochsommer, und Sant'Angelo ist klein und überaus touristisch. Notfalls setze ich mich in eine Bar mit schönem Ausblick und schreibe, während ich das eine oder andere eisgekühlte Getränk zu mir nehme.

Wir fahren mit dem Bus nach Serrara, das praktisch am Fuße des *Monte Epomeo* liegt. Von dort aus wollen wir zu Fuß weiter bis zur Küste. Der Bus hat gerade das Zentrum verlassen und hält bei einer Aussichtsterrasse, wo wir aussteigen. Und was entdecken wir da? Ein Restaurant mit romantischem Ausblick. Also beschließen wir, uns schon gleich jetzt nach den Öffnungszeiten zu erkundigen, denn hier würden wir abends gerne essen. Natürlich nicht erst, wenn es dunkel ist, denn dann nützt uns die Aussicht wenig.

Da die Sonne aber untergeht, bevor die Italiener Hunger haben, kann es natürlich sein, dass das Restaurant zu spät öffnen wird. Drinnen treffen wir die Familie an. *La Nonna*, die Oma, erklärt uns, dass es um halb sieben aufmache. – Das passt. Wir freuen uns schon jetzt aufs Abendessen!

Die Wanderung nach Sant'Angelo dauert nur eine halbe Stunde. Es geht immer bergab, und die ganze Zeit haben wir das

Meer im Blick und sehen das Erkennungsmerkmal des Ortes, das Halbinselchen, vor der Küste liegen. Die Halbinsel ist eigentlich ein kleiner Berg, der nur durch einen schmalen Streifen mit dem Festland verbunden ist. Trotzdem ist es bewohnt. Am Fuße des Berges erkennen wir eine Handvoll Häuser.

Wir haben den Eindruck, die Häuser von Sant'Angelo seien aufeinandergestapelt, denn sie sind am Berghang gebaut. Wir nähern uns von oben und schauen auf die flachen Dächer, die ummauert und fast ausnahmslos weiß gestrichen sind. Und aufgeräumt. Keine Wäscheleinen, Dachterrassen oder gar Gerümpel. Abgesehen von vereinzelten Wassertanks sind die Dächer völlig leer.

Und dann sind wir unten und schauen uns um. Zwischen den weißen Häusern springt uns nur hier und dort ein farbiges ins Auge. Am Hafen und an den kleinen Stränden ist ziemlich viel los. Dabei liegt der kilometerlange Maronti-Strand gleich nebenan. Dort weht immer eine Brise, was das Sonnen im Sommer angenehmer macht. Auf meinem Spaziergang treffe ich weniger angenehme Temperaturen an, und zwar bei den *Fumarolen*. Das sind heiße Dämpfe, die aus der Erde aufsteigen. In diesem Fall aus dem Sand des Maronti-Strandes. Deswegen ist der Bereich abgesperrt, denn hundert Grad sind doch ein bisschen zu heftig.

Während in Wassernähe das Leben tobt, begegne ich in den Gassen des Dorfes und im höher gelegenen Teil praktisch niemandem. Autos treffe ich übrigens auch nicht an, denn die parken alle außerhalb, wo auch der Bus seine Endstation hat. Sant'Angelo ist nämlich ein autofreier Ort. Der einzige auf Ischia. Das Gepäck der Hotelgäste wird mit Elektrokarren zu den Hotels gebracht, auch wenn diese am steilen Hang liegen.

Wenn der Gast nicht gut zu Fuß ist, darf er zusammen mit seinen Koffern hinauffahren.

Auf dem Rückweg nehmen wir den Bus von Sant'Angelo aus und hoffen, die Haltestelle an unserem Restaurant in Serrara rechtzeitig zu erkennen. Hunger haben wir auch schon. Der kleine *Macedonia*, den wir in einer Bar gegessen haben, war lecker und erfrischend, aber satt macht so ein Obstsalat ja nicht. Dafür hat er im Geldbeutel ordentlich reingehauen. Kein Wunder, denn wir waren in der beliebtesten Bar, die sich zudem in Toplage befindet.

Wir betreten um sieben Uhr das Restaurant und werden an der Tür abgefangen:
»Sie wünschen?«
»Wir möchten gern zu Abend essen.«
»Ach so. Kein Problem. Suchen Sie sich einen Platz aus.«
Wir gehen ins obere Stockwerk, wo die Aussicht super ist, und versuchen, das ›Kein Problem‹ zu deuten. Vermutlich haben sie noch geschlossen. Die *Signora* von heute Nachmittag war einfach nicht gut informiert.

Als die Getränke serviert werden, haben wir uns schon entschieden und wollen die Bestellung aufgeben.
»Das geht leider nicht, der Koch ist noch nicht da.«
»Noch nicht da? Wann kommt er denn?«
Uns wird versichert, dass er spätestens in einer halben Stunde da sein wird.

Da wir vor Hunger fast eingehen, bestellen wir eine kalte Vorspeise. Das ließe sich machen, meint die Bedienung. Nachdem wir den Salat vertilgt haben, kommt sie, um abzuräumen.
»Ist der Koch jetzt da?«

»Nein, aber in einer halben Stunde garantiert.« Er müsste schon längst da sein, denn seine Arbeitszeit habe vor über einer Stunde angefangen, erklärt sie uns. Inzwischen ist es dunkel, und nach zwei weiteren halben Stunden ist das Brot alle, auch das vom Nebentisch.

Michael sieht auf die Uhr und wird ganz zappelig.
»Wenn wir jetzt losrennen, kriegen wir den nächsten Bus noch. Dann essen wir in Ponte.«
Und genau so machen wir es. Wir legen das Geld auf den Tisch und hechten zum Bus, der uns nach Ischia Ponte bringt. Das ist der Ort, in dem wir uns eingemietet haben. Als wir dort endlich ankommen, ist sogar die Essenszeit der Italiener vorbei, aber wir bekommen noch etwas.

Ponte ist ein traumhaftes Fleckchen Erde. Auch hier liegt ein Inselchen vor der Küste: ein ziemlich hoher Felsen, auf dem sich das *Castello Aragonese* befindet. Es ist das Wahrzeichen Ischias. Außerdem ein beliebtes Motiv für Filmszenen und Hochzeitsfotos. Und unser Hotel liegt direkt gegenüber. Von unserer Terrasse über der Steilküste können wir den ganzen Tag beobachten, wie das Sonnenlicht den eher grauen Felsen samt Kastell verfärbt. Der Höhepunkt wird erreicht, wenn die Abendsonne niedrig steht. Dann bekommt das Gestein, das inzwischen einen gelblichen Ton angenommen hat, einen rötlichen Schimmer. Die Kamera muss man in dem Moment schon griffbereit haben, denn die Dämmerung setzt hier ziemlich schnell ein.

Das Restaurant Cocò direkt an dem Piazzale Aragonese bietet den besten Ausblick auf dieses Schauspiel. Von dem Platz aus führt eine Art Damm zum Kastell: rechts und links niedrige Mauern, dazwischen ein breiter, gepflasterter Fußweg. Hier flanieren die Leute gerne oder sitzen auf den Mäuerchen. Jugendliche und Angler schlängeln sich mit ihren *Motorini* an den Spaziergängern vorbei.

In der tollen Abendsonne wollen wir ein Foto mit Selbstauslöser machen. Natürlich mit der Insel im Hintergrund. Gute Idee, aber scheinbar unmöglich bei den Menschenmassen, die hier gerade unterwegs sind. Trotzdem stellen wir die Kamera schon mal auf die gegenüberliegende Mauer, um zu beurteilen, ob die Perspektive hinkommt.

Die stimmt genau, und ich drücke auf den Auslöser. Wie der Blitz renne ich zu Michael hinüber, denn alle Leute warten auf uns. Von beiden Seiten kommt niemand mehr, auch kein Motorroller. Der gesamte Menschenstrom hat angehalten, als ob es selbstverständlich wäre, denn keiner will unser Foto ruinieren. Und das ist garantiert nicht das einzige Foto, das hier heute gemacht worden ist. Würden wir in Ponte wohnen, wir wären von all den Touristen genervt. Nicht so die *Pontesi,* bei denen wahrscheinlich auch der Stolz auf ihre Insel und das Kastell eine Rolle spielt.

Eine andere Sehenswürdigkeit stellt der Epomeo dar. Diesen erloschenen Vulkan kann man erklimmen. Vorausgesetzt, man hat die Kondition dazu. Vor allem im Sommer ist der steile Aufstieg tödlich. Wir sind ziemlich stolz auf unsere Leistung gewesen.

Jedenfalls, bis wir auf dem Flughafen zufällig zwei dicken Biertrinkern von weit über fünfzig zuhören, die mit ihren Frauen beim Gate warten und sich gerade erst kennengelernt haben:
»Bisse schomma aufn Eppomeo gewesn?«
»Watt?«
»Obse schomma aufn Eppomeo, den Berg da, gewesn biss?«

»Aber logo«, und an seine Frau gewandt: »Jedes Mal gehn wa da rauf, wa, Schätzeken?«

Als wir Jahre zuvor zum ersten Mal zum Gipfel wanderten, hofften wir inständig, dass es oben eine Bar gäbe, fanden es aber mit jedem überwundenen Höhenmeter unrealistischer. Oben angekommen, waren wir perplex: Es gab tatsächlich eine kleine Bar mit Küche und großzügiger Terrasse. Der Tag war gerettet!

Wir bestellten beide eine *Bruschetta*. Die leckerste unseres Lebens, aber das wussten wir zu dem Zeitpunkt natürlich noch nicht. Dass dieses Tomatenbrot mit Knoblauch und Basilikum ebenfalls das teuerste unseres Lebens sein würde, ahnten wir aber schon, als wir die Rechnung sahen.

»Und jetzt ein Nickerchen ... Liegestühle wären gut. Dass sie noch nicht auf die Idee gekommen sind, hier ein paar Liegen hinzustellen«, witzelte ich.
»Hinter dir.«
Typisch Michael. Mehr sagte er nicht. Im Gegensatz zu mir hatte er die schattige Terrasse mit den Liegestühlen die ganze Zeit im Visier gehabt.

Wer den Gipfel des Epomeo erreicht hat, dem liegt die gesamte Insel zu Füßen. Der Ausblick ist traumhaft. In der Mittagshitze leider nicht sehr fotogen, weil alles einen Grauschleier hat. Wir erkennen den Ort Lacco Ameno an dem *Fungo*, der Felsformation, die einem hässlichen Pilz gleicht und vor der Küste aus dem Wasser ragt. Der Ort mit der weißen Kirche, deren Fundament sozusagen im Wasser liegt, muss Forio sein. Irgendwo dort geht nach unseren Berechnungen die Sonne unter.

Wenn möglich, würden wir da gerne mal beim Sonnenuntergang, dem *Tramonto,* sitzen und essen. Mit Meerblick zu essen, finden wir immer wunderbar, mit Sonnenuntergang über dem Meer ist es etwas ganz Besonderes. Mal sehen, ob es organisatorisch klappt, schließlich sind wir auf öffentliche Verkehrsmittel angewiesen.

Es stellt sich heraus, dass wir den Strand von San Francesco mit dem Bus gut erreichen können. Er liegt genau richtig, nördlich von Forio. Wir finden eine Bar am Strand, die sich ›Restaurant‹ nennt, und machen es uns auf der Terrasse bequem. Viel zu früh, es ist noch lange keine Essenszeit. Nach einer Weile wollen wir schon mal etwas für den kleinen Hunger bestellen.
»Nein, zu essen haben wir nichts.«
»*Va bene*, dann nehmen wir eben eine Tüte Kartoffelchips.«

Nicht mal das haben sie. In jeder Bar gibt es Chips und die verpackten Croissants, womit sich die Kinder vor der Essenszeit begnügen müssen, wenn sie Hunger bekommen. Nur hier nicht. Und die Öffnungszeit der Küche ist hier nicht an die Touristen angepasst. – Im Prinzip ein gutes Zeichen.

Es hat jedoch auch einen Vorteil, dass wir noch nicht beim Essen sind, denn kurze Zeit später zieht uns der Sonnenuntergang in seinen Bann. Nicht nur uns. Es gibt nur wenige Leute auf der Terrasse, aber bei allen liegen Fotoapparate auf dem Tisch. Bei der ersten Verfärbung versammeln sich die Gäste am Geländer der Terrasse und fotografieren. Bis zum letzten Rotschimmer am Himmel.

Kurz darauf ist es stockdunkel. Und was machen die anderen zu unserem Entsetzen? Sie zahlen und gehen. Inzwischen sind wir die Einzigen! Gleich macht die Küche auf, aber das lohnt sich doch gar nicht.

»Pass auf, gleich kommen sie raus und sagen, es tut ihnen leid, aber sie schließen jetzt.«

Tatsächlich kommen die Kellner gleich darauf nach draußen. Fangen allerdings an, wie die Wiesel die Tische zu decken. Offenbar wissen sie, dass die Gäste kommen, sobald die Sonne untergegangen ist. Innerhalb kürzester Zeit sind alle Tische besetzt. Geheimtipp? Es sind alles Italiener. Und nicht unbedingt die Ärmsten, nach ihrem Outfit zu urteilen. Sehr gutes Essen! Jedenfalls, soweit wir das beurteilen können. Denn für unser Budget gab's nicht so viel Auswahl ...

6

Höhepunkt Heimreise

Amalfiküste

Natürlich lieben wir das Reisen. Das Buchen aber auch. Wenn wir auf die Frage »Wohin geht denn eure nächste Reise?« antworten: »Wissen wir noch nicht«, herrscht plötzlich ungläubiges Schweigen. Wir buchen gerne, wenn es noch etwas Günstiges gibt, meistens also Monate im Voraus. Für uns sind Vorfreude und Schwärmereien ein wichtiger Teil des Urlaubs.

Im Fall Amalfi hatten wir uns spontan umentschieden. Und zwar innerhalb von Sekunden. Eigentlich sollte es Sardinien werden. Während des Buchens fiel mir ein günstiges Appartement inmitten des Städtchen Amalfi ins Auge.
»Oder Amalfi?«
Wie elektrisiert kam die Gegenfrage: »Wieso? Hast du da was gefunden?«

Da wusste ich es schon: Es wird Amalfi! Stand ja auch seit Jahren auf unserer Liste. Vor einiger Zeit waren wir schon mal an der Amalfiküste gewesen. Von Sorrent aus. Mit dem Bus fuhren wir nach Positano, von dort mit dem Boot bis Amalfi und abends weiter mit dem Bus zum Bahnhof von Salerno. Die Strecke ist selten schön. Leider konnte ich den Anblick kaum genießen, weil mir während der letzten Busfahrt entsetzlich übel wurde. Wir kamen an Minori, Maiori und Vietri sul Mare vorbei. – Allesamt kleine Paradiese in einer grünen Märchenlandschaft am Meer.

Das Stück fahre ich nie wieder mit dem Bus. War mir schlecht! Nicht wegen der steilen Abgründe, die direkt neben den Reifen des Busses begannen. Nein, das ständige *Stop and Go* machte mich fertig. So schnell wie möglich anfahren, auf Touren kommen, und dann sofort wieder auf null runterbremsen, weil ein Auto entgegenkam.

Amalfi hatte es uns damals dermaßen angetan, dass wir uns schon gleich vor Ort nach *Affittacamere* informiert hatten. Die gab es zwar, aber in der Hochsaison waren diese kleinen Studios unbezahlbar. Das war vielleicht auch nicht die beste Jahreszeit, beschlossen wir, denn an dem winzigen Strand war kein Quadratmeter frei: alles mit Liegen zugestellt. Und vorne, im Wasser, tobte gegen Abend das *Acqua-Gym*-Spektakel. Wassergymnastik geht natürlich nicht ohne Mikrofon und turmhohe Boxen. Ein ziemlich amüsantes Schauspiel, wenn man es einmal miterlebt. Auf diesen Lärm und Trubel, der bis ins Zentrum vordrang, verzichteten wir jedoch gerne.

Und jetzt hatten wir etwas für unseren Maiurlaub in Amalfi gefunden! Das Klima an der Amalfiküste soll durch die geschützte Lage sehr mild sein, deswegen dachten wir, dass es vom Wetter her gehen müsste. Wir mieteten die Wohnung von Privat und bekamen wieder mal Rabatt. Eine E-Mail mit dem Text ›Wenn wir schon jetzt den ganzen Betrag bezahlen, geben Sie uns dann einen *Sconto*?‹ wirkt immer. Nicht in allen Ländern, aber bei Italienern totsicher.

Dann geht allerdings das Theater mit der Überweisung los. Auch nur bei den Italienern. Viele haben kein Bankkonto und verlangen eine Postanweisung. Bei uns in den Niederlanden gibt's die Möglichkeit aber nicht. Man muss das Geld mit Western Union ins Ausland schicken oder auf ein Bankkonto überweisen.

Warum haben so viele Italiener – selbst kleine Firmen – kein Bankkonto? Eine Möglichkeit wäre, dass sie Steuern sparen wollen, indem sie die Einkünfte nicht auf dem Konto erscheinen lassen. Andererseits ist es vorstellbar, dass sie mit ihrem Geld auf dem Bankkonto nicht indirekt die Machenschaften der Mafia unterstützen möchten. Oder sind die Zeiten vorbei?

Bargeld soll für die Italiener Teil ihrer Kultur sein. Glauben wir aber nicht. Denn schon vor vielen Jahren wurde selbst auf der kleinsten Insel in den Restaurants mit ›Carta si‹ für bargeldloses Bezahlen geworben. Zu dem Zeitpunkt war es in Deutschland noch unüblich, wenn nicht sogar unmöglich, mit Karte zu zahlen.

Neuerdings erlebten wir jedoch regelmäßig, dass wir nicht einmal eine Rechnung bekamen. Vor allem auf Sizilien wurden die Beträge wieder nur auf einen Zettel gekritzelt. Oder lediglich der Gesamtbetrag auf die Papiertischdecke geschrieben. Wir müssen dazu sagen, dass uns Letzteres in einem übertouristischen Ort passiert war. Aber auch die Kreditkartenautomaten in Hotels sind die letzte Zeit chronisch kaputt. Dafür bieten die Hotelinhaber jedoch einen Rabatt an.

Ihr Schwarzgeld können die Italiener aber nur noch in kleinen Mengen ausgeben. Beträge über tausend Euro bar bezahlen? Das darf man in Italien nicht mehr. Die Regierung möchte die Italiener dazu bewegen, anstatt mit Bargeld mehr mit Karte zu zahlen. Der Kulturumschwung vollzieht sich aber nur langsam, weil viele kein Konto eröffnen möchten. Was ja auch Vorteile hat: Sie überziehen das Konto nicht und verschulden sich nicht dauernd mit der Kreditkarte.

Entlang der Amalfiküste
Ganz wohl war mir nicht, als wir in Sorrent in den Bus nach Amalfi stiegen. Wir setzten uns gleich in die vorderste Reihe, denn, wenn man die Straßenführung im Blick hat, wird einem angeblich nicht schlecht.

Das kann ja sein. Dann wurde mir vielleicht davon übel, dass sich der Busfahrer von den Leuten, die ihn belagerten, in einer

Tour in Gespräche verwickeln ließ und sie höflicherweise dabei anschaute, während er den Bus auf der kurvenreichen Strecke durch die Berge steuerte. Und mit der rechten Hand eine SMS nach der anderen verschickte. Als ihm der Trubel im Bus zu bunt wurde, hielt er kurzerhand an, stand auf und richtete das Wort an die Fahrgäste. Danach hatte er Ruhe. Konnte er sich wieder auf seine SMS konzentrieren.

»Ein außergewöhnlicher Mann, der Fahrer.«
»Warum?«
»Männer können doch nicht zwei Dinge zugleich machen.«
Vor allem, wenn man bedenkt, dass Busfahren gar nicht sein Hauptberuf war, aber das fanden wir erst später heraus. Auf dem Weg zu Teodoro, unserem überteuerten, aber netten Obstladen in Amalfi, trafen wir den Busfahrer in einem Souvenirgeschäft an. Zu unserer Überraschung nicht als Kunde. Er war dort der Chef.

Ab Positano fuhren wir an der Küste entlang. Den Abschnitt kannten wir bis dahin nur von unten, vom Wasser aus. Die Tour durch die Berge war um einiges beeindruckender. Die bizarren Felsen und Schluchten, alles überwuchert von Vegetation, von der wir uns fragten, wie sie auf dem steinigen Untergrund Wurzeln schlagen konnte. Und dann die Lage der Ortschaften. Dafür galt das Gleiche: Wie hat man die hier eigentlich gebaut?

Amalfi
Und dann waren wir da! Wir waren gespannt auf unsere Wohnung. Von der Lage hatten wir eine ungefähre Vorstellung, schließlich kannten wir das Zentrum. Was uns bei unserem ersten Besuch jedoch verborgen geblieben war: Parallel zur

Hauptstraße verliefen kleine Gassen. Die erreichten wir über die Treppen zwischen den Häusern an der Hauptstraße.

Es war uns überhaupt ein Rätsel, wie man diese Stadt angelegt hatte. Von unserer Küche aus hörten wir gegen Abend immer eine Sportveranstaltung, vielleicht ein Handball- oder Volleyballspiel. Direkt bei uns um die Ecke. Sehen konnten wir den Sportplatz nicht. Wir konnten uns nicht mal vorstellen, wo er sich befinden könnte, denn die Gebäude klebten alle am Berghang, verwinkelt und dicht an dicht. Höchstens eine Gassenbreite voneinander entfernt.

Mit dem Wetter hatten wir etwas Pech. Es war so schlecht, dass der Vermieter nach drei Tagen eigens aus Salerno angereist kam, um unsere Heizung einzuschalten und zu kontrollieren, ob es schon irgendwo durchregnete. Das Mietshaus war zwar sehr gut in Schuss, aber uralt.

Eines Tages suchten wir in einem Museum Zuflucht. Ein Zeichen dafür, dass das Wetter wirklich scheußlich war! Am Stadtrand befand sich eine ehemalige Papiermühle. Da dies ein Thema ist, das mich fasziniert, kostete es mich keine Überwindung, dem Museumsbesuch zuzustimmen. Aber nur, weil ich nicht ahnen konnte, wie anstrengend und kalt der werden sollte! Obwohl ich mich mit der Materie auskannte, war es praktisch unmöglich, das Englisch des sympathischen Italieners, der den Vortrag hielt, zu dechiffrieren. Und so warm, wie wir uns einen Museumbesuch vorgestellt hatten, war es dort unten am Fluss natürlich auch nicht.

Aber bei einem köstlichen Mittagsimbiss im erstbesten Lokal ließen wir uns anschließend verwöhnen und vergaßen beinahe die unangenehme Außenwelt. Das ist ja auch der Sinn des Essens. Genießen und entschleunigen. Das verstehen die Italiener wirklich. Beides. Es ist also auch nicht verwunderlich, dass die Slow-Food-Bewegung in Italien gegründet wurde. Amalfi und Positano sind einen Schritt weiter, sie haben sich der Bewegung Cittaslow angeschlossen. Ihr Ziel ist es, die Lebensqualität in den Städten zu verbessern und die Vereinheitlichung und Amerikanisierung zu verhindern. Also keine Franchiseunternehmen. Stattdessen die spezifischen Werte und die Kultur des Ortes hervorheben. Obwohl Amalfi und Positano die Zentren des Tourismus an der Amalfiküste sind, ist der Geist der Cittaslowbewegung dort deutlich zu spüren.

Atrani
Der Schlechtwetterperiode folgten glücklicherweise wunderbare Frühlingstage. Im strahlenden Sonnenschein gingen wir nach Atrani, das im wahrsten Sinne bei Amalfi um die Ecke lag. Auf der Piazza Umberto I des kleinen Dorfes befand sich unser Stammlokal, wo wir jeden Morgen unseren Cappuccino tranken. Der Platz schien an allen Seiten eingeschlossen zu sein. An drei Seiten von aufeinandergestapelten Häusern umringt, die zum Teil steile Berge im Rücken hatten. Die vierte Seite wurde von einer hohen Schutzmauer begrenzt, auf der die Küstenstraße verlief. Einer der Bögen in der Mauer war offen und bot uns direkten Zugang zum Meer. Dort lagen die Boote und spielten ein paar Kinder im Sand.

Von dem Platz aus führte eine Treppe aus dem Dorf hinaus in die Berge. Wir wanderten immer weiter, bis Atrani hinter uns lag. Der Pfad ging an Gemüsegärten und kleinen Feldern vorbei und endete schließlich in Ravello.

Ravello
Ravello. Was sagte uns das? Oh ja, Wagner! Aber nicht nur. Auch die Schirmpinie, die – oberhalb der antiken Kirche – über die Amalfiküste zu wachen scheint. Und das Wahrzeichen Ravellos darstellt. Jedenfalls für uns. Für andere ist es vielleicht die Villa Rufolo oder der kunstvoll angelegte *Giardino* mit Meerblick, der Wagner zum Zaubergarten-Bühnenbild für seine Oper Parsifal inspiriert haben soll. Für Freunde von uns, die mit dem Auto angereist waren, sind wahrscheinlich die Treppen das Wahrzeichen von Ravello. Der Ort ist nämlich autofrei, sodass sie ihre schweren Koffer die endlosen Treppen emporschleppen mussten.

Obwohl die Zeit des Ravello-Festivals noch nicht angebrochen war, konnten wir uns die Atmosphäre gut vorstellen, wenn an lauen Sommerabenden die klassische Musik durch dieses Dorf am Berghang schallt. – Und es zum Leben erweckt.

Allerdings gelang es uns nicht, uns eine Vorstellung davon zu machen, wie dieser kleine Ort – in der Lage – das organisatorisch hinkriegen sollte. Und dann die Bühnenkonstruktion über dem Abgrund! Eine schönere Kulisse gibt es nicht. Aber selbst das Erlebnis wird noch übertrumpft. Und zwar von dem Konzert bei Sonnenaufgang! Der Tag erwacht dann mit klassischer Musik. Und beim Publikum werden alle Sinne gleichzeitig geweckt.

Im Mai gab sich Ravello ziemlich verschlafen. Außer an der zentralen Piazza Duomo. Die Terrassen der Cafés voll Lebensgenießer! Dort saßen wir in sehr angenehmer Gesellschaft. Erst, als die Abendsonne, die gerade noch alles in einem goldgelben Licht hatte erscheinen lassen, hinter den Bergen verschwand, verließen wir den wunderbaren Ort, denn es wurde ziemlich frisch.

Furore
Auch die nächste Wanderung war nicht geplant. Oder besser gesagt: Diese hätten wir freiwillig nie unternommen! Sie ergab sich, weil die Grotta dello Smeraldo geschlossen hatte. Wir waren mit dem Bus aus Amalfi gekommen, standen dort bei der Grotte einsam an der Küste und hatten keinen Plan. In dem Augenblick begriffen wir, warum der Fahrer uns ungläubig angesehen und schnell auf die Bremse getreten hatte, als wir aussteigen wollten. Unsicherheit und allgemeines Gemurmel seitens der Fahrgäste, das wir nicht einordnen konnten. Sie wussten natürlich, dass die Grotte Ruhetag hatte. Aber nicht, wie sie das den *Turisti* klarmachen sollten, denn die verstanden bestimmt kein Italienisch.

In der Nähe der Grotte gab es nichts weiter. Das nächste Dorf war Furore und nicht allzu weit entfernt. Also gingen wir los, entlang der Küstenstraße. Furore. Welch ein Name! Aber nicht der Name hatte den Ort zur Sehenswürdigkeit gemacht, sondern ein Naturschauspiel. Furore konnte allen Ernstes mit einem Fjord aufwarten! Hatten wir zumindest gelesen.

Bei Fjorden denken wir eher an Norwegen. Mit denen konnte man diesen wirklich nicht vergleichen. Er war weder lang noch breit. Und tief schon gar nicht. Trotzdem fanden wir den Minifjord mehr als sehenswert. Von der Brücke aus machte er zugegebenermaßen nicht viel her. Wir beobachteten, wie das Meerwasser unter uns in Wellen in die Schlucht schwappte. Da die Wellen dort nicht gebremst wurden, konnten sie noch hundert Meter auslaufen. Und das war's.

Was sich Fjord nennen darf, muss wohl nur das Kriterium erfüllen, ein umgekehrter Fluss zu sein. Egal, wie tief und wie lang. Von der Brücke führten Stufen ins Tal hinunter. Kurz über dem Wasserspiegel verliefen sie waagerecht an der

Felswand entlang. Bis zum Ende der Schlucht, wo erstaunlicherweise ein paar Gebäude standen. Nebenan lagen einige Ruderboote und Kajaks auf dem Schotter. Und die Gebäude? Einfache Geräteschuppen waren es nicht.
»Guck mal, in der Felsnische dort. Das ist doch eine Kirche, oder?«

Also befanden wir uns wahrscheinlich in einem winzigen Fischerdorf, das jedoch nicht mehr bewohnt war. Umso mehr überraschte uns das Restaurant, das sich ganz am Ende der Schlucht befand! Wer sollte denn hierher zum Essen kommen? Und vor allem: wie? Ob hier im Sommer so viel los war, dass sich das lohnte? Wurde das Stück Fjord diesseits der Brücke im Sommer etwa als Strand genutzt? Vielleicht ganz praktisch, denn Sonnenschirme konnte man sich sparen. Und Sonnencreme auch, so schattig, wie es dort war.

Gedankenlos folgten wir dem Schauspiel der tosenden Wellen an diesem unwirklichen Ort. Dann rissen wir uns los und stiegen etwas höher. Schon bald blickten wir über die Dächer der Häuser hinweg in die Schlucht. Und ließen uns noch eine Weile von den Wellen hypnotisieren. Nur die Neugierde war stärker.
»Wohin der Weg wohl führt?«
»Nirgendwohin, denk ich. In den Wald eben.«

Das konnte ja sein, aber dieser Weg hatte einen Namen. Nicht irgendeinen. Das handgemalte und liebevoll eingemauerte Keramikschild ›Via Roberto Rossellini‹ zeigte, wie stolz die *Furoresi* auf diesen Filmregisseur waren. Hatte der sich dort inspirieren lassen oder sogar am *Fiordo* gedreht? Ohne Zweifel eine Liebesgeschichte, denn dieses Fleckchen Erde besaß wirklich alle Elemente für romantische Szenen.

Wir folgten dem steilen Treppenweg, der schon bald aus dem Schatten der Bäume hinaus führte. Nach einer Weile hatten wir Meerblick und begriffen, dass wir uns auf dem Weg zu dem eigentlichen Ort Furore befanden. Der lag in einiger Entfernung vor uns. Den Höhenunterschied mal nicht mitgerechnet. Und genau das war unser Fehler. An diesem feuchtschwülen Nachmittag bedeutete jeder überwundene Höhenmeter Schwerstarbeit. Irgendwann kamen wir an den Punkt, an dem Umkehren keinen Sinn mehr machte. Von dem Dorf aus würde es bestimmt einen Bus geben, mit dem wir zumindest bis zur Küstenstraße kämen.

Endlich hatten wir die ersten Häuser von Furore erreicht. Von hier war es noch ein gutes Stück bis zum Zentrum. In dem Dorf waren die Häuser großzügig über die Felswand verstreut. Doch dann entdeckten wir, dass es für Fußgänger Treppenwege gab, um die Serpentinen abzukürzen. Die Treppen hatten es allerdings in sich, denn sie gingen praktisch senkrecht an der Wand nach oben.

Am liebsten hätten wir uns im sogenannten Zentrum erst mal in eine Bar gesetzt und vorläufig gar nichts mehr unternommen. Das scheiterte daran, dass wir so schnell keine finden konnten. Unterwegs erkundigten wir uns schon mal nach einer Bushaltestelle.
»Nur diese Straße hoch und dann rechts. Aber beeilt euch, der Bus kommt bald.«

›Vielleicht ist es schlau, diesen Bus zu nehmen, denn wer weiß, wie viele heute noch fahren‹, dachten wir. Und begannen, die unfassbar steile Straße zu erklimmen. In der Ferne hörten wir, wie sich ein Lastwagen oder ein Bus dem Dorf näherte. Also setzten wir mit letzter Kraft zum Endspurt an. Es war tatsächlich unser Bus, sahen wir, als er uns mit hoher Geschwindigkeit überholte!

Dann hielt er an der Haltestelle. Während er netterweise auf uns wartete, kommentierte der Busfahrer bestimmt die Situation. »Meine Güte, diese *Turisti*! Der Bus fährt nur vier Mal am Tag. Es kann doch nicht so schwierig sein, rechtzeitig loszugehen.« Die einheimischen Fahrgäste waren wahrscheinlich ganz seiner Meinung und stimmten ihm kopfschüttelnd zu.

Friedhöfe in Toplage
Amalfi atmete morgens, wenn es gerade erst erwacht war, eine ganz besondere Atmosphäre. Diese Stille in den Treppengassen! Selbst in der Hauptstraße mit ihrem schon fast städtischen Charakter genossen wir die Ruhe und schauten dem Alltag der Einwohner zu. Wir konnten glatt vergessen, in welchem bedeutenden Ort wir uns hier befanden. Bis wir beim Dom ankamen. Eingeklemmt zwischen den Geschäften und Cafés erhob sich das Bauwerk und streckte sich dem Himmel entgegen. Während alle Häuser Amalfis Berge im Hintergrund hatten, war hinter dem Dom nur der Himmel zu sehen, weil seine gewaltige Größe die Berge verdeckte.

Die weißgetünchten Treppenwege luden dazu ein, sich romantisch zu verlaufen. Und genau das machten wir. Irgendwann lag uns Amalfi zu Füßen. Wir hatten einen guten Überblick über das Wirrwarr von Häusern, Dächern und Dachterrassen. Zwischendrin Zitronengärten unter schwarzen Netzen. Bei der Orientierung half uns der Turm des Doms.
»Und wo wohnen wir?«
»Ist das da drüben nicht unsere Terrasse?«

»Oh, dann können wir von hier aus vielleicht herausfinden, wo der Sportplatz ist, von dem der Lärm kommt, den wir gegen Abend immer von unserer Küche aus hören.«

Dann sahen wir ihn. – Was hieß hier Sportplatz? Es war ein Käfig auf einem Dach, direkt neben unserer Wohnung. Rundherum Maschendraht, aber oben natürlich auch, damit der Ball nicht andauernd weg war. Kreativ gelöst, dieses Platzproblem.

Von dort oben beobachteten wir, dass am Strand inzwischen die Sonnenschirme aufgestellt wurden. Nicht, dass es nötig gewesen wäre, aber es sah gleich freundlicher aus. Denn die farbenfrohen Schirme unterbrachen die graue Sandfläche mit ihrem schwarzgrauen Rand an der Wasserlinie.

Als wir dem Weg weiter bergaufwärts folgten, erreichten wir den merkwürdigen flachen Bau, den man schon aus der Ferne hoch über Amalfi am Berghang erkennen konnte. Und was war es? – Darin waren die Toten bestattet. Wir befanden uns am Friedhof! Eine ganz schöne Strecke, die mit Amalfis Toten zurückgelegt wird. Aber sie lohnt sich, denn dort haben sie wirklich ihre Ruhe. Und eine grandiose Aussicht.

Genau wie in Positano. Der Ort ist an den Hängen zweier Hügel erbaut. Und der Friedhof ganz oben angelegt. Den wollten wir uns gerne ansehen, uns war allerdings schleierhaft, wie wir dorthin gelangen konnten. An der Felswand war keine Treppe zu erkennen. Dazu war sie auch viel zu steil und hoch. Wir mussten also zum Ortskern zurück. Von dort aus schlängelte sich tatsächlich eine Straße den Berg hoch. Ganz am Ende der Straße fanden wir endlich den Friedhof.

Der Aufstieg wurde mit einer wundervollen Aussicht über den Ort und das Meer belohnt. Es ist gar nicht so einfach, Positanos außergewöhnliche Lage mit der Kamera einzufangen. Von unten gelingt das nur ausschnittsweise, aber aus dieser Perspektive war es optimal. Trotzdem wurden unsere Fotos nicht so, wie sie hätten werden sollen, denn das Wetter spielte nicht mit. Während der Wanderung hatten wir nicht mitbekommen, dass die Schwüle inzwischen alles ein wenig grau erscheinen ließ. Dadurch kamen die Farben der Häuser nicht zur Geltung, über dem Meer hatte der Schleiereffekt jedoch eine magische Wirkung. Der Aussicht der ewig Ruhenden tat das also keinen Abbruch.

Grotta dello Smeraldo
Die ist natürlich nicht mit der Blauen Grotte auf Capri zu vergleichen. Erstens: falsche Farbe. Zweitens: nicht besungen. Und obendrein ist das Kartenlösen lange nicht so spektakulär. Bei der Blauen Grotte waren wir schon fast seekrank, bevor wir die Tickets erstanden hatten. Der Aufenthalt in der Grotte selbst dauerte nicht so lange, wie das Manöver zum gefährlich schwankenden Ticketboot.

Das Erlebnis in der Smaragdgrotte, der Grotta dello Smeraldo, war jedoch genauso beeindruckend. Mit dem Bötchen schaukelten wir durch die dunkle Höhle, die von dem smaragdgrünen Wasser indirekt beleuchtet wurde. Es war auch hier nur eine kleine Runde, die das Boot machte, aber weil nur zwei gleichzeitig unterwegs waren, konnte man es besser genießen.

Draußen wartete schon der Obstverkäufer mit seinem Minilaster. Obwohl? War das Obst? Was verkaufte er eigentlich außer Zitronen? Nur die riesige Art unförmiger Zitronen, die sie für den *Limoncello* verwenden. Die zählten natürlich zum Obst. Aber die *Peperoncini* ja wohl kaum. Und mehr hatte er nicht im Angebot. Welchen Touristen wollte er das denn verkaufen? –

Anscheinend lief das Geschäft aber, denn er verweilte hier wohl den ganzen Tag. Er hatte nämlich einen riesigen Sonnenschirm neben der Ladefläche installiert. Nicht etwa wegen der Früchte. Der Schatten fiel genau auf seinen weißen Plastikstuhl.

Auf der Busfahrt zurück nach Amalfi war der Bus rappelvoll, sodass wir uns nicht setzen konnten. Glücklicherweise standen die Fenster offen, denn es war ziemlich stickig. Wir genossen den Ausblick aufs Meer, auch wenn er schwindelerregend war. In jeder Kurve eröffnete sich eine anderes Panorama. Und dann dieser Duft, der durch die Fenster hereinwehte! War das nicht Basilikum? Ich versuchte herauszufinden, ob irgendwo Basilikumfelder zu sehen waren. Natürlich nicht: Es wird bestimmt nicht im großen Stil angebaut.

Aber des Rätsels Lösung kam sogleich. Ein Handy klingelte. Ich vermutete, das Geräusch käme aus der riesigen Einkaufstasche, die die Frau am Fenster auf dem Schoß hielt. Sie selbst glaubte es irgendwann auch und öffnete die Tasche. Und was kam zum Vorschein? Die ganze Tasche war voll mit Basilikum! Seit der Busfahrt damals weiß ich, dass mich der Duft von Basilikum glücklich stimmt. Dass es noch nicht als Parfüm auf dem Markt ist! Als Eis gibt es Basilikum schließlich auch.

Romantischer Ausklang
Rückreisen sind generell keine Termine, auf die wir uns besonders freuen. Doch diesmal gingen wir das ganz anders an. Gefühlsmäßig war die Fahrt zum Flughafen einer der Höhepunkte des Urlaubs.

Wir wussten, dass es im Sommer Schiffsverbindungen mit Sorrent gibt, und checkten, ob die Boote auch schon im Mai fuhren. Von Sorrent wollten wir mit dem Flughafenbus nach Neapel. Wir hatten Glück. Am letzten Tag schlenderten wir also mit unserem Gepäck zum Anleger. Zum Abschied ein letzter Blick auf Amalfi und seine interessante Lage. Und die letzten Fotos. Es wurde eine ganze Serie, denn von dort aus hatten wir eine tolle Perspektive!

Auf dem Boot war es frisch, die Aussichten jedoch zu spektakulär, um sich reinzusetzen. Es dauerte nicht lange bis Positano. Vom Schiff aus hatten wir die unbeschreibliche Architektur gut im Blick. Auch die Bebauung auf der Rückseite eines Hügels, die nur vom Wasser her zu sehen ist. Später umfuhren wir das Kap der Halbinsel von Sorrent. Ein einzigartiges Naturgebiet mit nur wenigen Orten und Stränden. Vor allem Waldgebiet. Optimal für Wanderungen mit Meerblick. – Wenn's nicht gerade Sommer ist, denn dann ist es dort zu heiß.

Irgendwann tauchte ein Fels in der Ferne auf, der aus dem Meer ragte. Später erkannten wir die spärlich bewachsenen Felswände, die zum tiefblauen Wasser hin steil abfielen. Direkt darüber entwickelte sich gerade ein enormer weißer Wolkenberg. Und zwar nur dort. Der Rest des Himmels war ausnahmslos blau.

Je näher wir kamen, desto schöner wurde der Anblick. Es sah fast aus wie ein aktiver Vulkan. Inzwischen war uns aber schon klar geworden, dass es sich um die Insel Capri handelte: eine traumhafte Landschaft mit den beiden Höckern von Capri und Anacapri.
»Ich bekomme Heimweh. Da müssen wir auch mal wieder hin.«
»Genau. Und das sollten wir nicht auf die lange Bank schieben.«

Bis Sorrent hatten wir noch eine Weile. Ausreichend, um diese Idee zu konkretisieren. Beim Anblick von Marina della Lobra und anschließend dem Felsplateau von Sorrent bekamen wir dafür ja genügend Anregungen. Als wir an der Marina Grande von Sorrent vorbeikamen, hätten wir am liebsten unseren Flug um ein paar Tage verschoben.

An der Marina Piccola gingen wir von Bord und stiegen in den niedlichen Stadtbus, der uns nach oben aufs Plateau bringen sollte. Die Strecke konnten wir im Prinzip zu Fuß gehen, aber die ewig langen Treppen an der Steilwand sind wirklich eine Herausforderung. Auch ohne Gepäck.

Und dann die Aussicht, als wir oben angelangt waren! – Unsere nächste Reise stand fest: Sorrent, Vesuv und die Inseln im Golf von Neapel.

http://italienreisen.jimdo.com

Schauen Sie doch mal rein! Auf dieser Webseite finden Sie weitere Informationen zur Buchreihe *Immer wieder Italien* und Fotos zu jeder Erzählung.

Bisher sind erschienen:
- Senza niente
- Non solo isole
- Dolce far niente

Die Bücher sind als Taschenbuch und als E-Book erhältlich. Möchten Sie benachrichtigt werden, wenn der nächste Titel erscheint? Schicken Sie uns einfach eine E-Mail. Nutzen Sie dazu bitte unsere Webseite.

»Mit viel Humor und Liebe zu Land und Leuten erzählt ... So sind ihre Geschichten nicht nur unterhaltsam, sondern auch eine gute Einstimmung auf den eigenen Urlaub: Erlebnis Italien mit offenen Sinnen.«

Italien Magazin